棒針編みで　かぎ針編みで

みんなの
手編みのニット帽

Contents

C
マルチボーダーキャップ

a　　　　b

P.8

D
ベースボールキャップ

P.10

E
かのこ編みのベレー

a　　　　b

P.12

I
横編みのしましまキャップ

a　　　　b

P.18

J
玉編みのキャップ

a　　　　b

P.20

N
折り返しがポイントのキャップ

P.26

O
アラン模様のキャップ

a　　　　b

P.28

P
かぎ針アランのキャップ

a　　　　b

P.30

T
ボーダーのバケットハット

P.36

A　リブの引き揃えキャップ　Instructions：P.41

シンプルなリブのキャップは、3色の中細の糸を引き揃えて杢調にしました。色の組み合わせはお好みで変えても。

Yarn：ハマナカ 純毛中細　Design：marshell

a

c

B バケットハット　Instructions：P.42

コンパクトなバケットハットは極太の糸でざくざく編んで。サイドクラウンに斜めのラインを効かせています。

Yarn：ハマナカ アメリー エル《極太》　Design：水原多佳子

C マルチボーダーキャップ Instructions：P.44

5色使いのマルチボーダーは、カラフルでもかぶりやすい配色がポイント。
あえて仕上げのスチームはせず、ざっくりとした風合いを活かしています。

Yarn：ハマナカ アメリー エフ《合太》 Design：風工房

D ベースボールキャップ　　Instructions：P.46

ワークテイストがお好みならベースボールキャップがおすすめ。ブリムには芯を入れているので形がしっかり決まります。

Yarn：ハマナカ メンズクラブマスター　　Design：岡本啓子　　Making：宮本真由美

E かのこ編みのベレー　Instructions：P.43

ツィードヤーンで編んだトラッドな雰囲気のベレー。織物のような編み地が特徴のかのこ編みをセレクトして。

Yarn：ハマナカ アランツィード　Design：岡本啓子　Making：鈴木恵美子

F 編み込みの耳当てキャップ　Instructions : P.48

1種類の編み込み模様でも、ベースの色を変えていくと新鮮な印象になります。小ぶりな耳当てをアクセントに。

Yarn：ハマナカ アメリー　Design：水原多佳子

G アーガイル模様のキャップ   Instructions : P.50

表目と裏目で編める地模様でアーガイルをさりげなくデザイン。主張しすぎないので、どんな服にも合わせやすい。

Yarn：ハマナカ アメリー　　Design：長者加寿子

H　モヘアのキャップ　Instructions：P.51

気軽に編みやすいメリヤス編みのシンプルなキャップ。モヘアの糸を選ぶと、ふんわりとした質感でスタイリッシュな雰囲気。

Yarn：ハマナカ モヘア　Design：岡本啓子　Making：鈴木恵美子

a

横編みのしましまキャップ　Instructions：P.52

横向きに編むかぎ針編みのキャップは、a は寒色、b は暖色の 3 色使い。うね編みで立体感を出して、リブのような表情に。

Yarn：ハマナカ アメリー　Design：岡まり子　Making：大西ふたば

b

J 玉編みのキャップ　Instructions : P.54

バスケットのような編み地がアクセントのキャップです。全体を玉編みにして厚みを出しているので、とてもあたたか。

Yarn：ハマナカ アメリー　Design：ATELIER*mati*

a

K 横編みのケーブルキャップ

Instructions : P.56

ケーブル模様を横に走らせたキャップは、
長方形に編んで作ります。
トップをくしゅっとさせてラフにかぶって。

Yarn：**a** ハマナカ アメリー、**b** ハマナカ ソノモノ ヘアリー
Design：鎌田恵美子

b

L　長編みのベレー　Instructions：P.58

長編みベースのベレーは、引き上げ編みで6枚はぎ風のラインを入れました。
カジュアルにもきれいめにも合わせられるのがうれしい。

Yarn：ハマナカ アメリー　Design：ATELIER*mati*

M ボアのキャップ Instructions：P.60

かぶり口をループヤーンで編んで、もこもこのボアのようにしました。
本体はストレートヤーンを裏メリヤス編みにして、ボアを引き立てて。

Yarn：**a** ハマナカ ソノモノ《超極太》、**b** ハマナカ アメリー エル《極太》、**a,b** ハマナカ ソノモノ ループ
Design：水原多佳子

a

b

25

N　折り返しがポイントのキャップ　Instructions：P.62

ふわふわのブークレヤーンのキャップは、かぶり口を折り返すとピンクの編み地が現れるデザイン。
ピンクが全体を引き締めてくれます。

Yarn：ハマナカ ソノモノ アルパカブークレ、ハマナカ アメリー　Design：長者加寿子

○ アラン模様のキャップ　Instructions : P.61

浅めでかぶりやすいアラン模様のキャップです。かぶり口をリブにせず、ケーブル模様をつなげているのがポイント。

Yarn：ハマナカ アランツィード　Design：岡まり子

a

b

a

P かぎ針アランのキャップ Instructions：P.64

編み地を立体的にして、かぎ針編みでアラン模様を表現しました。かぎ針ならではのしっかり整った仕上がりに。

Yarn：ハマナカ ソノモノ アルパカウール《並太》　Design：かんのなおみ　Making：菅野葉月

b

Q　バラクラバ　Instructions：P.66

ほとんどまっすぐに編めてかんたんなバラクラバは、首まであたたか。かぶらずにフード感覚で使っても素敵。

Yarn：ハマナカ ソノモノ アルパカリリー　Design：鎌田恵美子

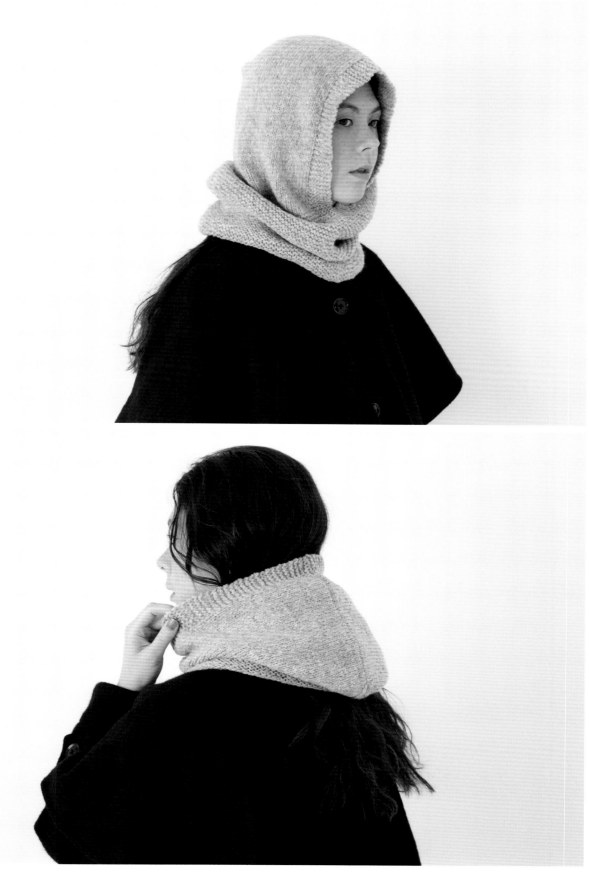

R チャンキーなキャップ　Instructions：P.68

ボリュームたっぷりでチャンキーなキャップ。超極太な糸はざくざく編めて時短できるので、すぐ仕上げたい人におすすめです。

Yarn：ハマナカ ひふみ チャンキー　Design：かんのなおみ

S モチーフつなぎのハット　Instructions：P.69

サイドクラウンをモチーフつなぎにしたハットはレトロな雰囲気。ベルベットのような質感のモールヤーンをセレクトして。

Yarn：ハマナカ ルナモール　Design：橋本真由子

T　ボーダーのバケットハット　　Instructions：P.72

細編みのすじ編みで麦わら帽子のような風合いにしたバケットハット。ブリムをボーダーにしてカジュアル感をプラスしました。

Yarn：ハマナカ ソノモノ グラン　Design：marshell

Point lesson　編み方の部分プロセス解説

※見やすいように糸の色と太さを変えています。

右上3目交差 ｜P.68-R｜

1 左針の3目をなわあみ針に移し、編み地の手前側に置きます。矢印のように次の目に針を入れ、3目を表目で編みます。

2 表目3目が編めたところ。

3 1でなわあみ針に移した3目を表目で編みます。

4 右上3目交差ができました。

左上3目交差  ｜P.68-R｜

1 左針の3目をなわあみ針に移し、編み地の向こう側に置きます。矢印のように次の目に針を入れ、3目を表目で編みます。

2 表目3目が編めたところ。

3 1でなわあみ針に移した3目を表目で編みます。

4 左上3目交差ができました。

右かけ目に通すノット編み ｜P.42-B｜

1 かけ目をし、次の2目を表目で編みます。

2 表目2目が編めたところ。1のかけ目に矢印のように左針を入れます。

3 2で編んだ表目2目に1のかけ目をかぶせます。

4 右かけ目に通すノット編みが編めました。

長編みの表引き上げ編み・長編み・長編みの表引き上げ編み ｜P.58-L｜

1 針に糸をかけ、前段の足に手前側から矢印のように針を入れ、長編みの表引き上げ編みを編みます。

2 針に糸をかけ、1で編み入れた前段の頭の目に矢印のように針を入れ、長編みを編みます。

3 針に糸をかけ、1で編み入れた前段の足に矢印のように針を入れ、長編みの表引き上げ編みを編みます。

4 長編みの表引き上げ編み・長編み・長編みの表引き上げ編みが編めました。

長々編みの表引き上げ編みの右上3目交差

P.64 - P

1 針に糸を2回かけ、3目とばして前段の足に矢印のように針を入れ、長々編みの表引き上げ編みを編みます。

2 前段の足に針を入れたところ。

3 長々編みの表引き上げ編みが編めたところ。続けて長々編みの表引き上げ編みを2目編みます。

4 長々編みの表引き上げ編みが3目編めたところ。

5 針に糸を2回かけ、**1**でとばした前段の足に矢印のように手前から針を入れ、長々編みの表引き上げ編みを編みます。

6 **1〜4**で編んだ目の手前側に、長々編みの表引き上げ編みが1目編めたところ。続けて、矢印のように針を入れ、長々編みの表引き上げ編みを2目編みます。

7 長々編みの表引き上げ編みの右上3目交差が編めたところ。

長々編みの表引き上げ編みの左上3目交差

P.64 - P

1 針に糸を2回かけ、3目とばして前段の足に矢印のように針を入れ、長々編みの表引き上げ編みを編みます。

2 前段の足に針を入れたところ。

3 長々編みの表引き上げ編みが編めたところ。続けて長々編みの表引き上げ編みを2目編みます。

4 長々編みの表引き上げ編みが3目編めたところ。

5 針に糸を2回かけ、**1〜4**で編んだ目の後ろを通り**1**でとばした前段の足に矢印のように手前から針を入れ、長々編みの表引き上げ編みを編みます。

6 **1〜4**で編んだ目の向こう側に、長々編みの表引き上げ編みが1目編めたところ。続けて、矢印のように針を入れ、長々編みの表引き上げ編みを2目編みます。

7 長々編みの表引き上げ編みの左上3目交差が編めたところ。

Yarn この本で使用した糸

この本の作品は、すべてハマナカ株式会社の糸を使用しています。
糸に関するお問い合わせ先は、P.80をご覧ください。
都合により廃色になることがございますが、ご了承ください。

実物大

アメリー	ウール（ニュージーランドメリノ）70％、アクリル30％　40g玉巻（約110m） 棒針6〜7号　かぎ針5/0〜6/0号
アメリー エル《極太》	ウール（ニュージーランドメリノ）70％、アクリル30％　40g玉巻（約50m） 棒針13〜15号　かぎ針10/0号
アメリー エフ《合太》	ウール（ニュージーランドメリノ）70％、アクリル30％　30g玉巻（約130m） 棒針4〜5号　かぎ針4/0号
ハマナカ 純毛中細	ウール100％　40g玉巻（約160m） 棒針3号　かぎ針3/0号
アランツィード	ウール90％、アルパカ10％　40g玉巻（約82m） 棒針8〜10号　かぎ針8/0号
ハマナカ モヘア	アクリル65％、モヘヤ35％　25g玉巻（約100m） 棒針5〜6号　かぎ針4/0号
ソノモノ アルパカウール《並太》	ウール60％、アルパカ40％　40g玉巻（約92m） 棒針6〜8号　かぎ針6/0号
ソノモノ ヘアリー	アルパカ75％、ウール25％　25g玉巻（約125m） 棒針7〜8号　かぎ針6/0号
ソノモノ アルパカブークレ	ウール80％、アルパカ20％　40g玉巻（約76m） 棒針8〜10号　かぎ針7/0号
ソノモノ ループ	ウール60％、アルパカ40％　40g玉巻（約38m） 棒針15号〜8mm
ソノモノ アルパカリリー	ウール80％、アルパカ20％　40g玉巻（約120m） 棒針8〜10号　かぎ針8/0号
ソノモノ《超極太》	ウール100％　40g玉巻（約40m） 棒針15号〜8mm
ソノモノ グラン	ウール80％、アルパカ20％　50g玉巻（約50m） 棒針15号〜8mm　かぎ針7mm
メンズクラブマスター	ウール（防縮加工ウール）60％、アクリル40％　50g玉巻（約75m） 棒針10〜12号
ひふみ チャンキー	ウール95％、ナイロン5％　40g玉巻（約36m） 棒針15号〜8mm　かぎ針7mm
ルナモール	ポリエステル100％　50g玉巻（約70m） 棒針10〜12号　かぎ針7/0号

a　　b

c

糸　○ハマナカ 純毛中細
　　[a] 白 (1) 33g、グリーン (24) 33g、
　　　　モスグリーン (40) 33g
　　[b] 白 (1) 33g、赤 (10) 33g、
　　　　紺 (19) 33g
　　[c] 白 (1) 33g、グレー (28) 33g、
　　　　イエロー (43) 33g
用具　○ハマナカ アミアミ手あみ針4本針
　　　10号

○ゲージ (10cm四方)
　1目ゴム編み　20.5目　22段
○できあがり寸法　頭回り47cm

●編み方
※糸はすべて3本どりにして編みます。
一般的な作り目で編み始め、1目ゴム編み
で帽子を輪に編み、編み終わりの目に糸
を2回通してしぼります。

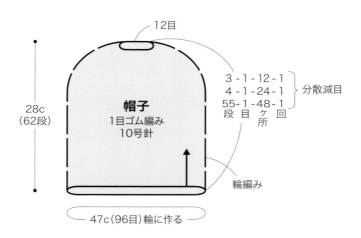

28c
(62段)

12目

帽子
1目ゴム編み
10号針

3 - 1 - 12 - 1
4 - 1 - 24 - 1
55 - 1 - 48 - 1
段　目　ケ　回
　　　所
} 分散減目

輪編み

47c(96目)輪に作る

仕上げ方

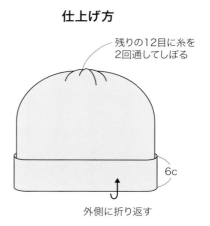

残りの12目に糸を
2回通してしぼる

6c

外側に折り返す

□=|1| 表目　　　入=右上2目一度
−=裏目　　　　　 ↙=左上2目一度(裏目)

帽子の編み方

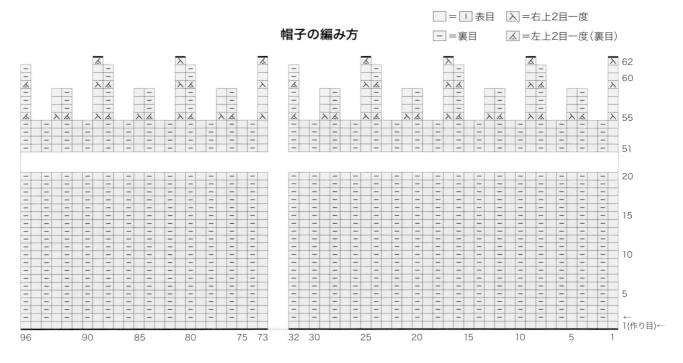

B バケットハット Photo：P.6

糸 ｜ ○ハマナカ アメリー エル《極太》
　　　金茶（103）80g

用具 ｜ ○ハマナカ アミアミ手あみ針4本針　12号

○ゲージ（10cm四方）
　模様編み　15.5目　21段
　メリヤス編み　14目　18段
○できあがり寸法　頭回り58cm　かぶり口70cm

●編み方
一般的な作り目で編み始め、ねじり1目ゴム編み・模様編み・メリヤス編みで帽子を輪に編み、編み終わりの目に糸を2回通してしぼります。

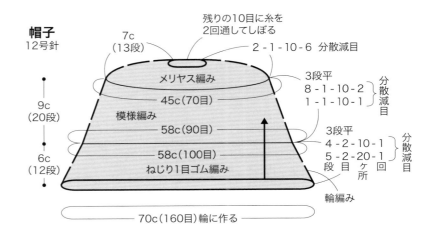

帽子
12号針

残りの10目に糸を
2回通してしぼる

7c（13段）

2-1-10-6 分散減目

メリヤス編み

3段平
8-1-10-2
1-1-10-1 } 分散減目

45c（70目）

9c（20段）

模様編み

58c（90目）

3段平
4-2-10-1
5-2-20-1 } 分散減目
段目5ヶ所

6c（12段）

58c（100目）
ねじり1目ゴム編み

輪編み

70c（160目）輪に作る

帽子の編み方

□ = 表目　　入 = 右上2目一度

－ = 裏目　　人 = 左上2目一度

Ω = ねじり目　　Cl|o = 右かけ目に通すノット編み（P.38参照）

R = ねじり目の左上3目一度（ねじり目をしながら左上3目一度）

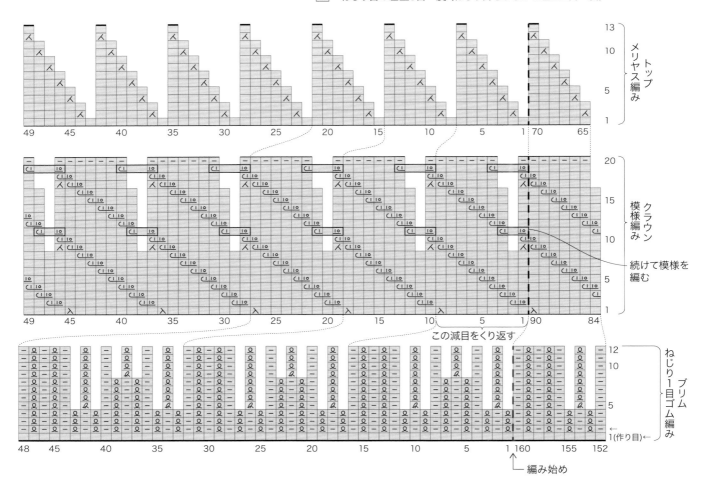

13
10
5
1
メリヤス編み　トップ編み

49　45　40　35　30　25　20　15　10　5　1　70　65

20
15
10
1
模様編み　クラウン

続けて模様を編む

49　45　40　35　30　25　20　15　10　5　1　90　84

この減目をくり返す

12
10
5
1（作り目）
ねじり1目ゴム編み　ブリム

48　45　40　35　30　25　20　15　10　5　1　160　155　152

編み始め

42

かのこ編みのベレー　Photo：P.12

a

b

糸　○ハマナカ アランツィード
　　　[a] 生成り (1) 72g 、[b] グレー (3) 72g
用具　○ハマナカ アミアミ手あみ針4本針　5号、10号
　　　○ハマナカ アミアミ両かぎ針ラクラク　9/0号 (作り目用)

○ゲージ (10cm四方)　模様編み　15.5目　27段
○できあがり寸法　頭回り48cm

●編み方

1　あとでほどく作り目で編み始め、模様編みで帽子
　を輪に編み、編み終わりの目に糸を2回通してし
　ぼります。
2　作り目をほどいて目を拾い、1目ゴム編みでかぶり
　口を輪に編み、編み終わりを伏せ止めします。

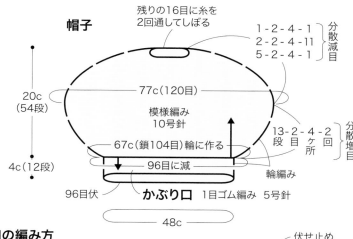

帽子

残りの16目に糸を
2回通してしぼる

```
1 - 2 - 4 - 1
2 - 2 - 4 - 11    分散減目
5 - 2 - 4 - 1
```

20c
(54段)

77c (120目)

模様編み
10号針

4c (12段)

67c (鎖104目) 輪に作る

```
13 - 2 - 4 - 2    分散増目
段目ケ所    2回
```

輪編み

96目に減

96目伏

かぶり口　1目ゴム編み　5号針

48c

かぶり口の編み方

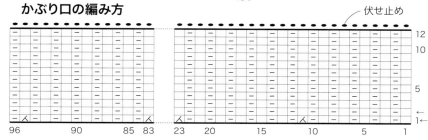

伏せ止め

96　90　85　83　　23　20　15　10　5　1

帽子の編み方

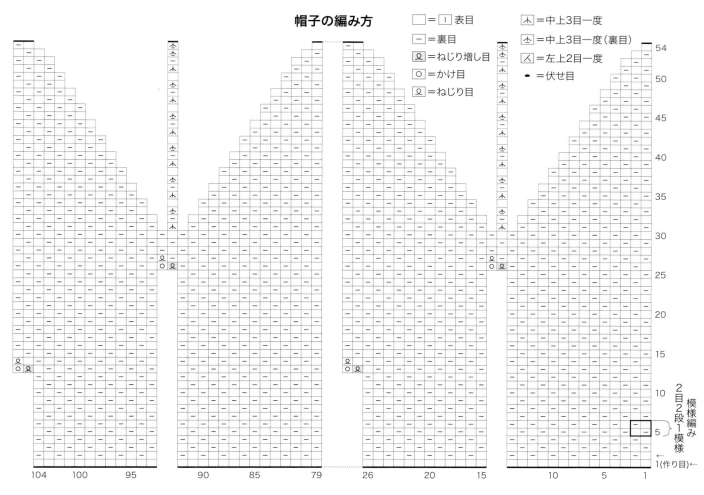

□ = [I] 表目
─ = 裏目
⚇ = ねじり増し目
○ = かけ目
⚇ = ねじり目

人 = 中上3目一度
企 = 中上3目一度 (裏目)
人 = 左上2目一度
● = 伏せ目

模様編み 2目2段1模様

104　100　95　　90　85　79　26　20　15　　10　5　1 (作り目)

マルチボーダーキャップ　Photo：P.8

a

b

糸　○ハマナカ アメリー エフ《合太》
　　[a] グレー (523) 29g、ネイビーブルー (514) 6g、
　　　　フォレストグリーン (518) 6g、ブラウン (519) 6g、
　　　　ナチュラルホワイト (501) 5g
　　[b] ナチュラルホワイト (501) 29g、ブラウン (519) 6g、
　　　　キャメル (520) 6g、ロイヤルブルー (527) 6g、
　　　　セラドン (528) 5g

用具　○ハマナカ アミアミ手あみ針4本針　4号

○ゲージ (10cm四方)　模様編み　28目　38段
○できあがり寸法　頭回り50cm

●編み方
一般的な作り目で編み始め、模様編みで帽子を輪に編み、編み終わりの目に糸を2回通してしぼります。

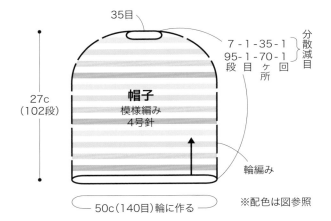

35目

7 - 1 - 35 - 1
95- 1- 70- 1
段 目 ケ 回
目 　 所

分散減目

27c
(102段)

帽子
模様編み
4号針

輪編み

50c (140目) 輪に作る

※配色は図参照

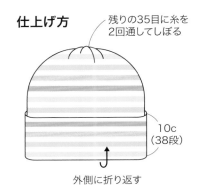

仕上げ方

残りの35目に糸を
2回通してしぼる

10c
(38段)

外側に折り返す

配色表

	a	b
A色	グレー	ナチュラルホワイト
B色	ネイビーブルー	ブラウン
C色	フォレストグリーン	キャメル
D色	ブラウン	ロイヤルブルー
E色	ナチュラルホワイト	セラドン

□ = Ⅰ 表目

— = 裏目

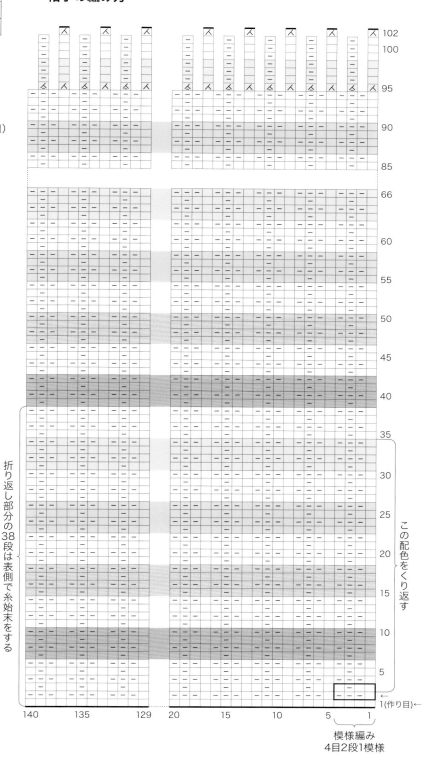

帽子の編み方

折り返し部分の38段は表側で糸始末をする

この配色をくり返す

模様編み
4目2段1模様

1(作り目)←

D ベースボールキャップ Photo：P.10

糸
材料
用具

○ハマナカ メンズクラブマスター　グリーン (75) 94g
○ハマナカ 帽子用つば芯 ベージュ (H204-607-1) 1枚
○ハマナカ アミアミ手あみ針4本針　8号、11号
○ハマナカ アミアミ両かぎ針ラクラク
　　10/0号 (作り目、とじ用)
○なわあみ針

○ゲージ (10cm四方)
　模様編み　16目　19.5段
　メリヤス編み　15目　19.5段
○できあがり寸法　頭回り60cm

●編み方

1　あとでほどく作り目で編み始め、模様編みで本体を輪に編み、編み終わりの目に糸を2回通してしぼります。

2　作り目をほどいて目を拾い、1目ゴム編みでかぶり口を輪に編み、編み終わりを伏せ止めします。

3　一般的な作り目で編み始め、メリヤス編みでブリムを2枚編み、編み終わりを伏せ止めします。

4　ブリムに帽子用つば芯を入れ、帽子に縫いつけます。

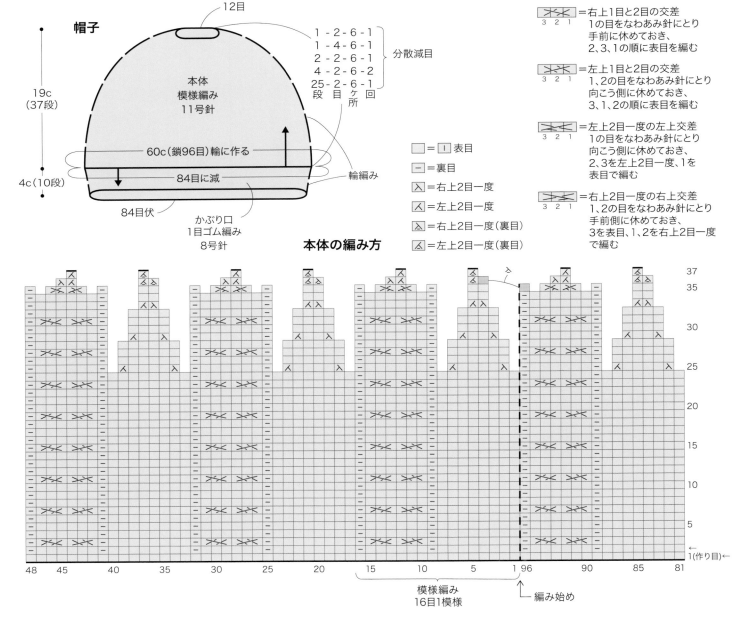

帽子

19c (37段)

4c (10段)

12目

本体
模様編み
11号針

1 - 2 - 6 - 1
1 - 4 - 6 - 1
2 - 2 - 6 - 1
4 - 2 - 6 - 2
25 - 2 - 6 - 1
段 目 ヶ回
目 数 回

分散減目

60c(鎖96目)輪に作る

84目に減

輪編み

84目伏

かぶり口
1目ゴム編み
8号針

□=□ 表目
─=裏目
入=右上2目一度
人=左上2目一度
入=右上2目一度 (裏目)
人=左上2目一度 (裏目)

=右上1目と2目の交差
1の目をなわあみ針にとり手前に休めておき、2、3、1の順に表目を編む

=左上1目と2目の交差
1、2の目をなわあみ針にとり向こう側に休めておき、3、1、2の順に表目を編む

=左上2目一度の左上交差
1の目をなわあみ針にとり向こう側に休めておき、2、3を左上2目一度、1を表目で編む

=右上2目一度の右上交差
1、2の目をなわあみ針にとり手前側に休めておき、3を表目、1、2を右上2目一度で編む

本体の編み方

模様編み
16目1模様

編み始め

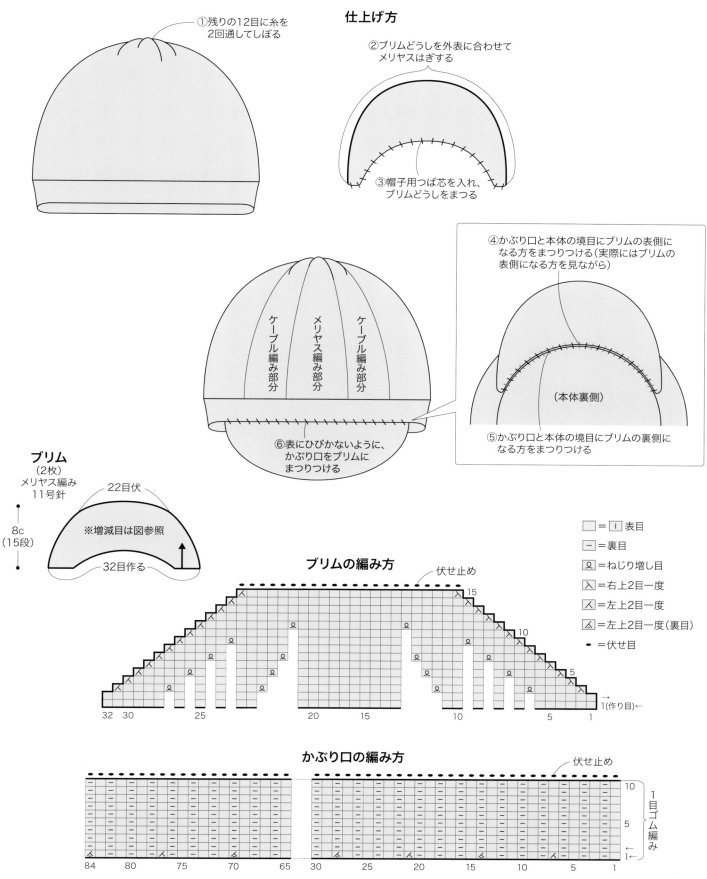

①残りの12目に糸を
2回通してしぼる

仕上げ方

②ブリムどうしを外表に合わせて
メリヤスはぎする

③帽子用つば芯を入れ、
ブリムどうしをまつる

④かぶり口と本体の境目にブリムの表側に
なる方をまつりつける（実際にはブリムの
表側になる方を見ながら）

（本体裏側）

⑤かぶり口と本体の境目にブリムの裏側に
なる方をまつりつける

ケーブル編み部分

メリヤス編み部分

ケーブル編み部分

⑥表にひびかないように、
かぶり口をブリムに
まつりつける

ブリム
（2枚）
メリヤス編み
11号針

8c
（15段）

22目伏

※増減目は図参照

32目作る

ブリムの編み方

伏せ止め

15

10

5

1（作り目）

32 30 25 20 15 10 5 1

かぶり口の編み方

伏せ止め

10

5

1

1目ゴム編み

84 80 75 70 65   30 25 20 15 10 5 1

□ = I 表目
− = 裏目
Ω = ねじり増し目
人 = 右上2目一度
入 = 左上2目一度
⊼ = 左上2目一度（裏目）
• = 伏せ目

F 編み込みの耳当てキャップ　Photo：P.14

糸　○ハマナカ　アメリー
　　　ラベンダー（43）24g、ピーコックグリーン（47）19g、
　　　チャイナブルー（29）6g、バーミリオン（55）6g、
　　　アイスブルー（10）5g

用具　○ハマナカ　アミアミ手あみ針4本針　6号
　　　○ハマナカ　アミアミ玉付2本針　8号
　　　○ハマナカ　アミアミ両かぎ針ラクラク　5/0号（作り目用）

○ゲージ（10cm四方）
　　模様編み　22目　25段
○できあがり寸法　頭回り54cm

●編み方

1　あとでほどく作り目で編み始め、編み込み
　　模様（横に糸を渡す方法）で帽子を輪に編
　　み、編み終わりの目に糸を2回通してしぼり
　　ます。

2　作り目をほどいて目を拾い、2目ゴム編み・
　　裏メリヤス編みでかぶり口を輪に編み、編
　　み終わりを伏せ止めします。

3　かぶり口から目を拾い、ガーター編みで耳
　　当てを編み、編み終わりを伏せ止めします。

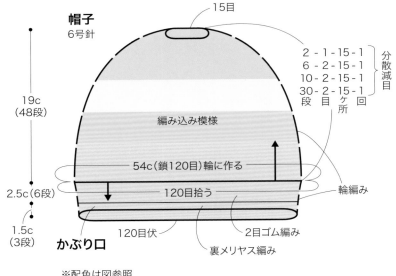

帽子
6号針

15目

19c（48段）

2.5c（6段）

1.5c（3段）

かぶり口

54c（鎖120目）輪に作る

120目拾う

輪編み

120目伏

編み込み模様

2目ゴム編み

裏メリヤス編み

2 - 1 - 15 - 1
6 - 2 - 15 - 1
10 - 2 - 15 - 1
30 - 2 - 15 - 1
段　目　ケ　回
　　　　所

分散減目

※配色は図参照
※指定以外の糸は1本どり
※かぶり口の裏メリヤス編みは、
　自然に内側にロールさせる

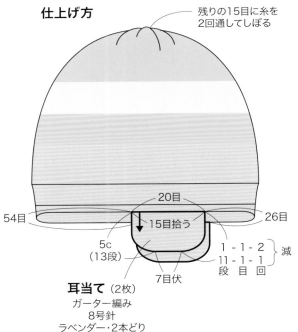

仕上げ方

残りの15目に糸を
2回通してしぼる

54目　　26目

20目

15目拾う

5c（13段）

7目伏

1 - 1 - 2
11 - 1 - 1
段　目　回

減

耳当て（2枚）
ガーター編み
8号針
ラベンダー・2本どり

帽子の編み方

⊼=中上3目一度　⊼=左上2目一度（裏目）　⊼=30段めの最後の2目と、
□=□=表目　⊼=左上2目一度　⊼=右上2目一度（裏目）　　31段めの最初の1目で
−=裏目　⊼=右上2目一度　●=伏せ目　　　　　　中上3目一度
　　　　　　　　　　　　　　　　　　　　　　　　　　（アイスブルー）

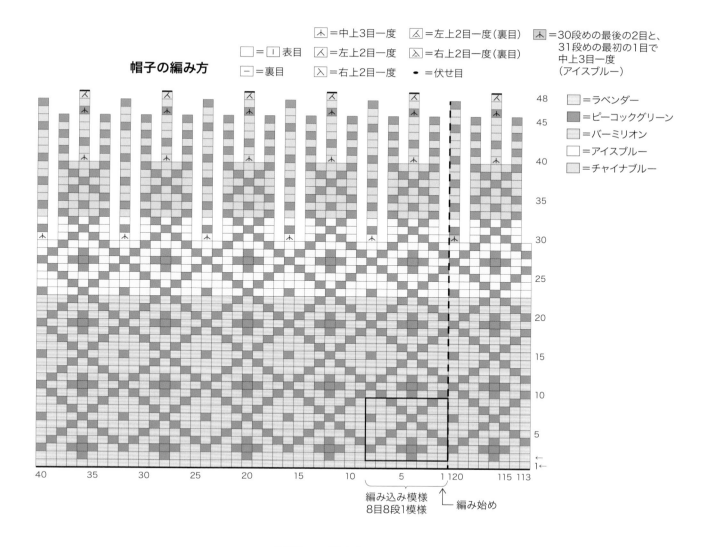

□=ラベンダー
■=ピーコックグリーン
▨=バーミリオン
□=アイスブルー
▨=チャイナブルー

編み込み模様
8目8段1模様

編み始め

耳当ての編み方

2目一度しながら伏せ止め

伏せ止め

ガーター編み

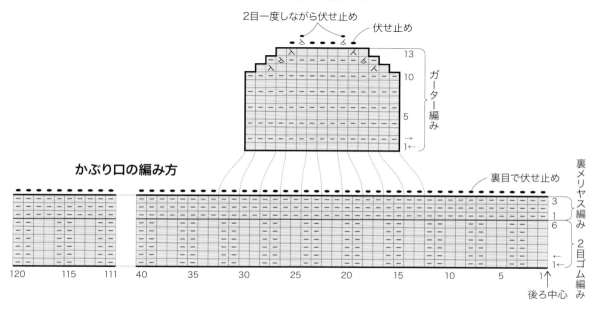

かぶり口の編み方

裏目で伏せ止め

裏メリヤス編み

2目ゴム編み

後ろ中心

G アーガイル模様のキャップ　Photo：P.16

a

b

糸　○ハマナカ アメリー
　　[a] オリーブグリーン（38）55g
　　[b] ピーコックグリーン（47）55g
用具　○ハマナカ アミアミ手あみ針4本針　6号

○ゲージ（10cm四方）　模様編み　23目　31段
○できあがり寸法　頭回り52cm

●編み方
一般的な作り目で編み始め、1目ゴム編み・模様編みで帽子を輪に編み、編み終わりの目に糸を2回通してしぼります。

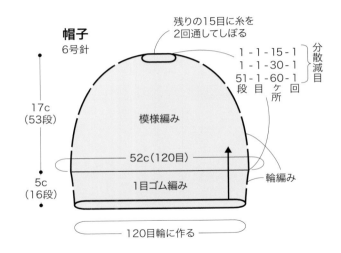

帽子
6号針

残りの15目に糸を
2回通してしぼる

模様編み

1 - 1 - 15 - 1
1 - 1 - 30 - 1
51 - 1 - 60 - 1
段 目 ケ 回
目 回 所

分散減目

17c
（53段）

52c（120目）

1目ゴム編み

輪編み

5c
（16段）

120目輪に作る

帽子の編み方　□=|表目　－=裏目　人=左上2目一度

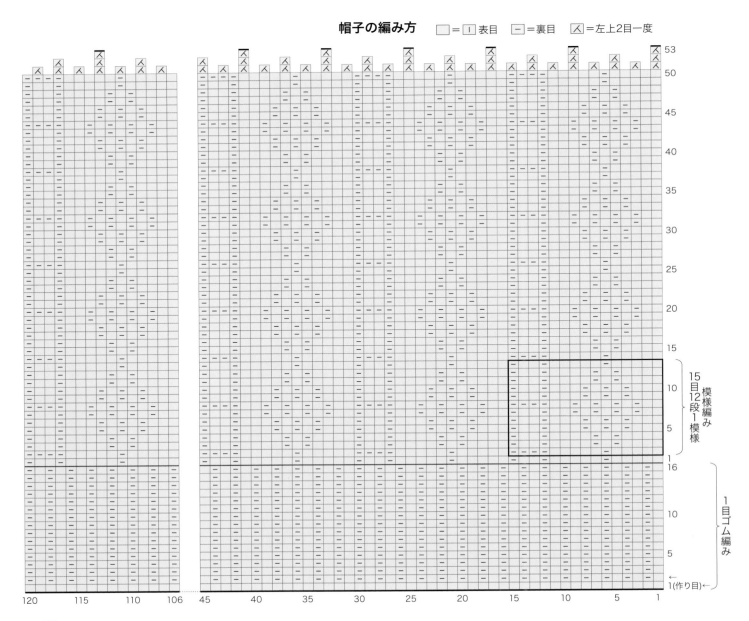

15目12段1模様　模様編み

1目ゴム編み

H モヘアのキャップ Photo：P.17

a

b

糸　○ハマナカ モヘア
　　　[a] ブルー (45) 50g
　　　[b] カーキ (105) 50g

用具　○ハマナカ アミアミ手あみ針4本針
　　　8号

○ゲージ (10cm四方)
　メリヤス編み　17目　24段
○できあがり寸法　頭回り54cm

●編み方
※2本どりにして編みます。
一般的な作り目で編み始め、2目ゴム編み・
メリヤス編みで帽子を輪に編み、編み終わり
の目に糸を2回通してしぼります。

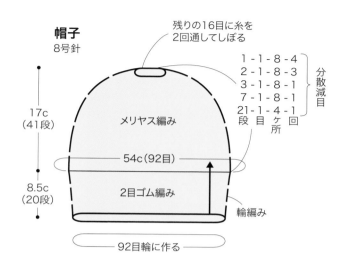

帽子
8号針

残りの16目に糸を
2回通してしぼる

1	1	8	4
2	1	8	3
3	1	8	1
7	1	8	1
21	1	4	1

分散減目

段 目 ケ 回
　　所

メリヤス編み

17c
(41段)

54c(92目)

2目ゴム編み

8.5c
(20段)

輪編み

92目輪に作る

□=□ 表目

－=□ 裏目

丄=左上2目一度

帽子の編み方

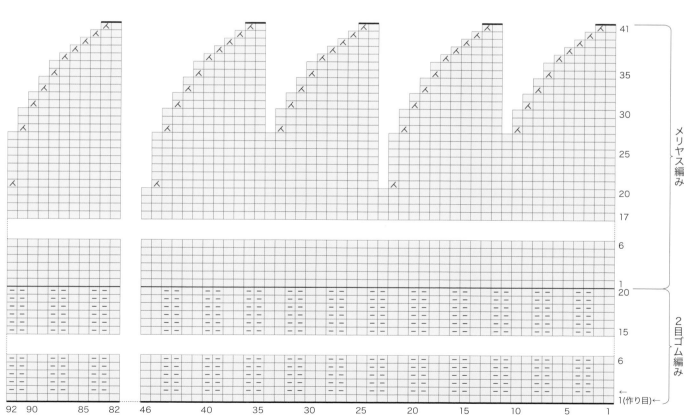

メリヤス編み

2目ゴム編み

51

a

b

糸 ○ハマナカ アメリー
[a] ネイビーブルー（17）29g、インクブルー（16）28g、
セラドン（37）28g
[b] チョコレートブラウン（9）29g、
ナチュラルブラウン（23）28g、ナツメグ（49）28g

用具 ○ハマナカ アミアミ両かぎ針ラクラク　6/0号

○ゲージ（10cm四方）模様編み　21目　13段
○できあがり寸法　頭回り54cm

●編み方
1 鎖編みの作り目で編み始め、模様編みで帽子を編みます。
2 編み始めと編み終わりを巻きかがりします。
3 端の目に糸を2回通してしぼります。

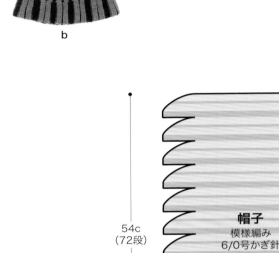

54c
（72段）

トップ側

かぶり口側

帽子
模様編み
6/0号かぎ針

27c（鎖57目）作る

※配色は図参照

仕上げ方

編み始めの鎖の頭目と
編み終わりの頭目の向こう側1本を
すくってA色で巻きかがり

トップ側の端のA色の目に
A色を2回通してしぼる

6c

外側に折り返す

全目の巻きかがり

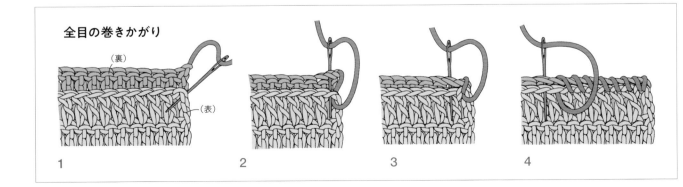

（裏）

（表）

1　　　2　　　3　　　4

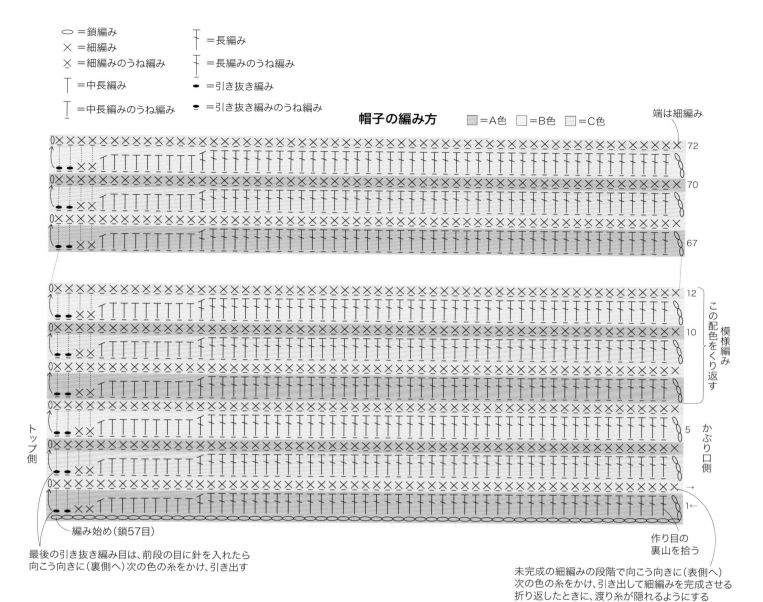

=鎖編み　　　　　　　　　　=長編み
×=細編み
×=細編みのうね編み　　　　=長編みのうね編み
=中長編み　　　　　　　●=引き抜き編み
=中長編みのうね編み　　●=引き抜き編みのうね編み

帽子の編み方　　■=A色　□=B色　□=C色

端は細編み

72
70
67

トップ側

12
10
5

この配色をくり返す

模様編み

かぶり口側

編み始め（鎖57目）

1

最後の引き抜き編み目は、前段の目に針を入れたら
向こう向きに（裏側へ）次の色の糸をかけ、引き出す

作り目の
裏山を拾う

未完成の細編みの段階で向こう向きに（表側へ）
次の色の糸をかけ、引き出して細編みを完成させる
折り返したときに、渡り糸が隠れるようにする

配色表

	a	b
A色	ネイビーブルー	チョコレートブラウン
B色	インクブルー	ナチュラルブラウン
C色	セラドン	ナツメグ

玉編みのキャップ　Photo：P.20

a

b

糸 ｜ ○ハマナカ アメリー
[a] ダークネイビー（53）90g　[b] グレー（22）90g

用具 ｜ ○ハマナカ アミアミ両かぎ針ラクラク　6/0号、7.5/0号

○ゲージ（10cm四方）
　中長編みのうね編み　22目　14.5段
　模様編み　7模様　10.5段
○できあがり寸法　頭回り52cm

●編み方

1　鎖編みの作り目で編み始め、中長編みのうね編みでかぶり口を編み、編み始めと編み終わりを引き抜きはぎします。

2　かぶり口から目を拾い、模様編みで本体を輪に編み、編み終わりの目に糸を2回通してしぼります。

模様編みの減目

段	目数	減目
20	6	増減なし
19	6	毎段6模様減
18	12	毎段6模様減
17	18	
16	24	増減なし
15	24	6模様減
14	30	増減なし
13	30	6模様減
12	36	増減なし
11	36	2模様減
10〜2	38	増減なし
1	38	裾部分から38模様拾う

かぶり口

中長編みのうね編み
6/0号かぎ針

52c（76段）

5.5c（鎖12目）作る

中表にして、編み始めと編み終わりを引き抜きはぎ

かぶり口の編み方

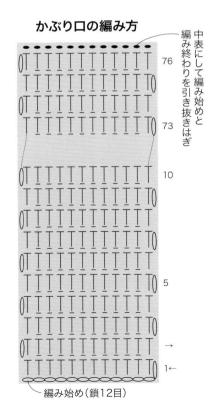

中表にして編み始めと編み終わりを引き抜きはぎ

76
73
10
5
1←

編み始め（鎖12目）

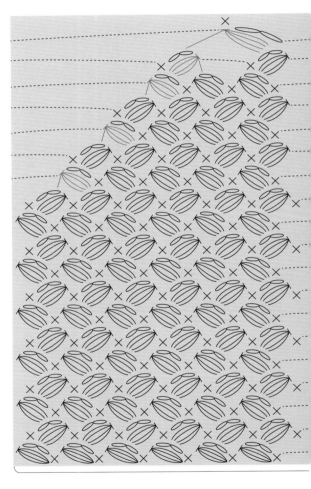

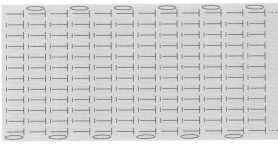

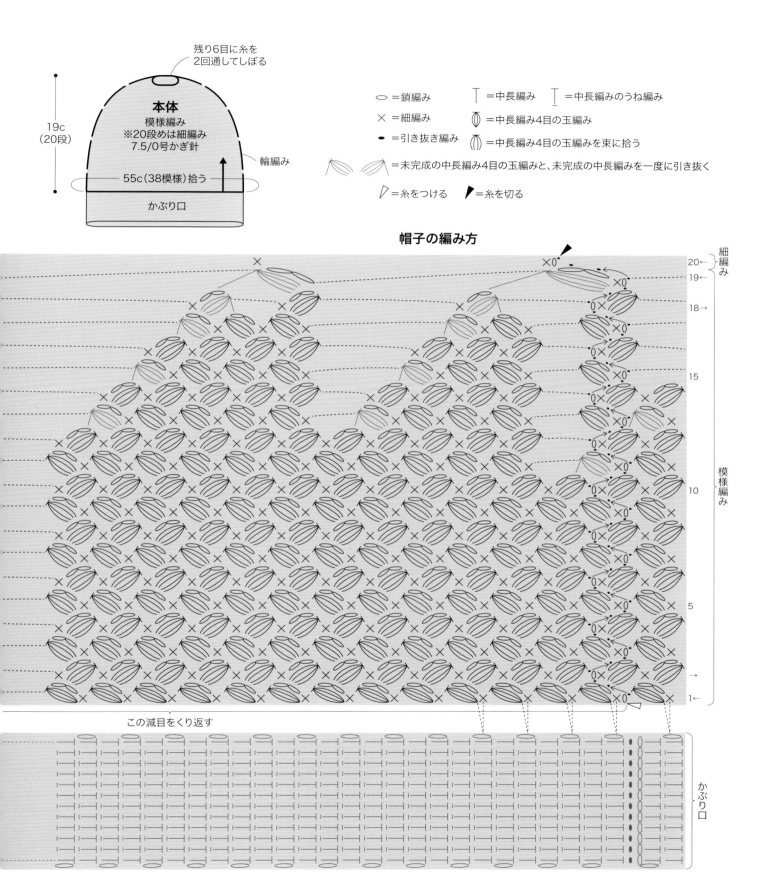

残り6目に糸を
2回通してしぼる

本体
模様編み
※20段めは細編み
7.5/0号かぎ針

19c
(20段)

55c（38模様）拾う

輪編み

かぶり口

○＝鎖編み　　　┬＝中長編み　　┬＝中長編みのうね編み

×＝細編み　　　中長編み4目の玉編み

●＝引き抜き編み　中長編み4目の玉編みを束に拾う

＝未完成の中長編み4目の玉編みと、未完成の中長編みを一度に引き抜く

▷＝糸をつける　▶＝糸を切る

帽子の編み方

細編み

模様編み

この減目をくり返す

かぶり口

K 横編みのケーブルキャップ Photo：P.21

a

b

糸 ○ [a] ハマナカ アメリー　インクブルー (16) 70g
　　　[b] ハマナカ ソノモノ ヘアリー　ライトグレー (124) 35g

用具 ○ハマナカ アミアミ玉付2本針
　　　[a] 7号
　　　[b] 6号
　　○ハマナカ アミアミ両かぎ針ラクラク (作り目・はぎ用)
　　　[a] 6/0号
　　　[b] 5/0号
　　○なわあみ針

○ゲージ (10cm四方)　模様編み　28目　25.5段
○できあがり寸法　50cm

● 編み方

1 あとでほどく作り目で編み始め、模様編み
　で帽子を編み、編み終わりの目を休めてお
　きます。

2 作り目をほどいて、編み始めと編み終わり
　をかぶせ引き抜きはぎします。

3 端のすべり目に糸を通してしぼります。

70目休

50c
(128段)

帽子
模様編み
a 7号針 b 6号針

かぶり口側

25c(鎖70目)
作る

トップ側

仕上げ方

中表にして編み始めと編み終わりを
かぶせ引き抜きはぎ(61目)
かぶせ引き抜きはぎはP.67参照

端のすべり目に
糸を通してしぼる

1段おきに
外側の半目
を拾う

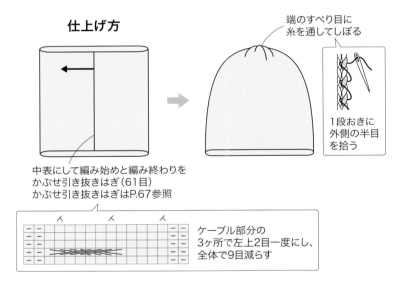

ケーブル部分の
3ヶ所で左上2目一度にし、
全体で9目減らす

すべり目

∨

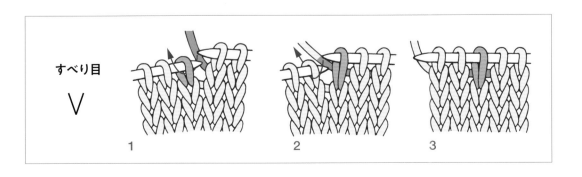

1　　　2　　　3

帽子の編み方

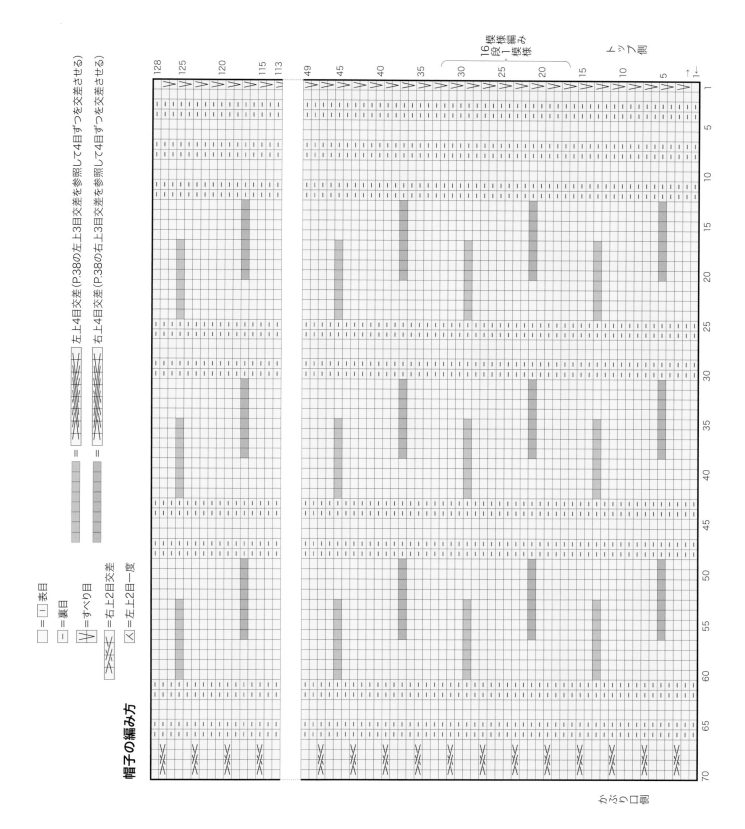

□ = □ 表目

− = 裏目

Ⅴ = すべり目

=右上2目交差

=左上2目交差

= 左上4目交差（P.38の左上3目交差を参照して4目ずつを交差させる）

= 右上4目交差（P.38の右上3目交差を参照して4目ずつを交差させる）

入 = 左上2目一度

糸　　○ハマナカ　アメリー
　　　　オリーブグリーン（38）70g
用具　○ハマナカ　アミアミ両かぎ針ラクラク　6/0号

○ゲージ（10cm四方）　模様編み　18目　12段
○できあがり寸法　頭回り56.5cm

●編み方
糸端を輪にする作り目で編み始め、模様編み・
縁編みで帽子を輪に編みます。

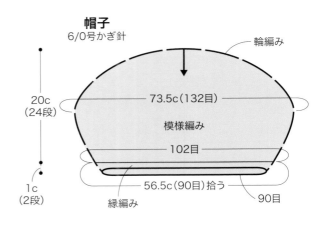

帽子
6/0号かぎ針
20c（24段）
73.5c（132目）
模様編み
102目
1c（2段）
56.5c（90目）拾う
縁編み
90目
輪編み

模様編みの増減目

段	目数	増減
1	12	輪の中に12目編み入れる
2	24	毎段12目増
3	36	
4	48	
5	60	
6	72	
7	84	
8	96	
9	108	
10	120	
11	120	増減なし
12	132	12目増
13	132	増減なし
14	126	6目減
15	126	増減なし
16	120	6目減
17	120	増減なし
18	114	6目減
19	114	増減なし
20	108	6目減
21	108	増減なし
22	102	6目減
23	102	増減なし
24	102	増減なし

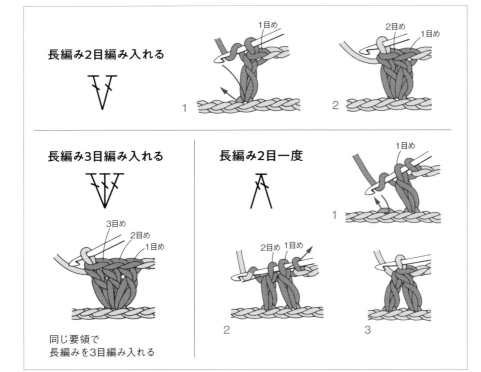

長編み2目編み入れる

1目め　2目め　1目め

1　2

長編み3目編み入れる

3目め　2目め　1目め

同じ要領で
長編みを3目編み入れる

長編み2目一度

1目め　2目め　1目め

1　2　3

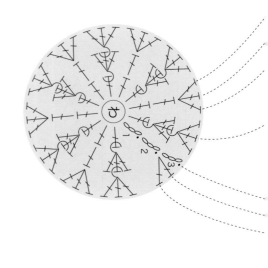

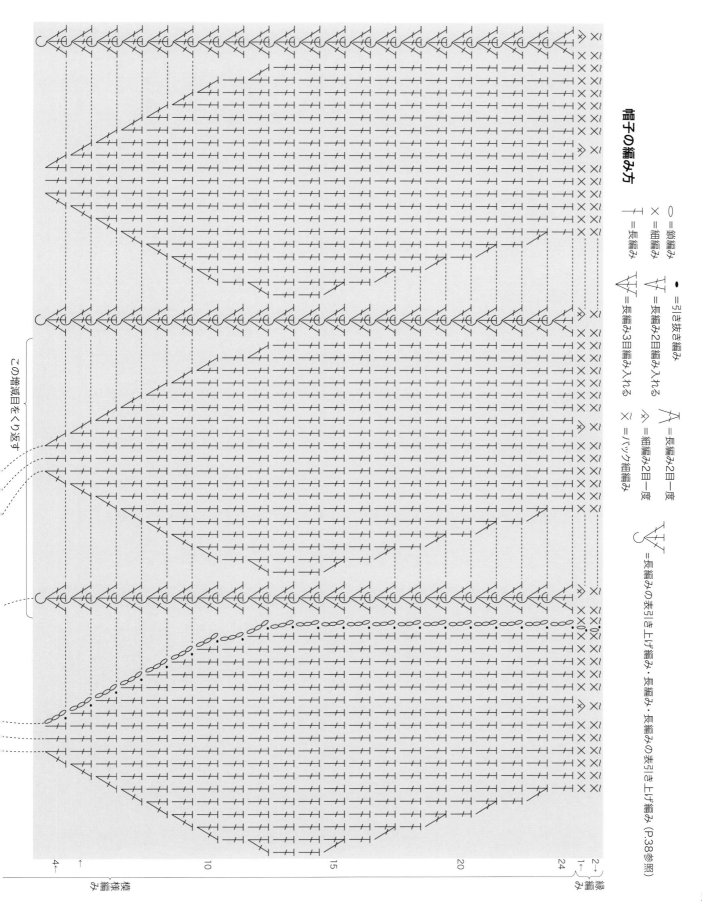

帽子の編み方

○ = 鎖編み
● = 引き抜き編み
✕ = 細編み
┬ = 長編み

$\mathbb{A}$ = 長編み2目一度
$\mathbb{V}$ = 長編み2目編み入れる
$\mathbb{W}$ = 長編み3目編み入れる

$\mathbb{A}$ = 長編み2目一度
$\mathbb{A}$ = 細編み2目一度
$\widetilde{\times}$ = バック細編み

$\mathbb{W}$ = 長編みの表引き上げ編み・長編み・長編みの表引き上げ編み(P.38参照)

この増減目をくり返す

模様編み

縁編み

4← ↑   10   15   20   24
                                      2→
                                      1→
             模様編み   縁編み

59

M ボアのキャップ　Photo：P.24

a

b

糸 ○ハマナカ ソノモノ《超極太》
　　[a] ベージュ（12）60g
○ハマナカ アメリー エル《極太》
　　[b] ネイビー（107）45g
○ハマナカ ソノモノ ループ
　　[a] 生成り（51）40g、[b] 茶色（53）40g
用具 ○ハマナカ アミアミ手あみ針4本針　14号

○ゲージ（10cm四方）
　裏メリヤス編み　12目　18段
○できあがり寸法　頭回り54cm

● **編み方**
一般的な作り目で編み始め、表メリヤス編み・1目ゴム編み・裏メリヤス編みで
帽子を輪に編み、編み終わりの目に糸を2回通してしぼります。

帽子
14号針

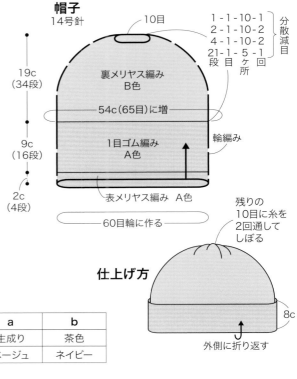

10目

| 分散減目 |
| 1 - 1 - 10 - 1 |
| 2 - 1 - 10 - 2 |
| 4 - 1 - 10 - 2 |
| 21 - 1 - 5 - 1 |
段目ケ所

裏メリヤス編み
B色

54c（65目）に増

19c（34段）

1目ゴム編み
A色

9c（16段）

輪編み

2c（4段）

表メリヤス編み　A色

60目輪に作る

仕上げ方

残りの10目に糸を2回通してしぼる

8c

外側に折り返す

帽子の編み方

□ ＝□裏目
｜ ＝表目
⚲ ＝ねじり増し目
⟨ ＝左上2目一度（裏目）

□ ＝A色
■ ＝B色

配色表

	a	b
A色	生成り	茶色
B色	ベージュ	ネイビー

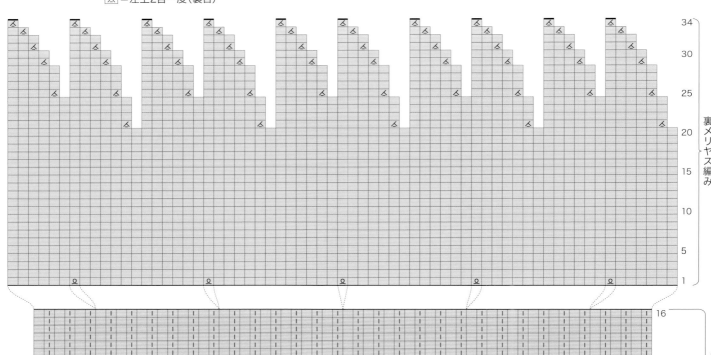

裏メリヤス編み

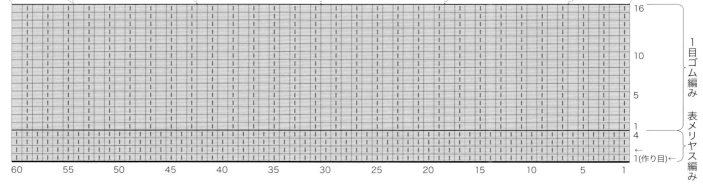

1目ゴム編み　表メリヤス編み

アラン模様のキャップ Photo：P.28

a

b

糸 ○ハマナカ アランツィード
　　[a] 赤 (6) 65g
　　[b] ベージュ (2) 65g

用具 ○ハマナカ アミアミ手あみ針4本針　7号、8号
　　○なわあみ針

○ゲージ（10cm四方）
　模様編み　26目　26段
○できあがり寸法　頭回り51cm

●編み方
一般的な作り目で編み始め、模様編みで帽子を輪に
編み、編み終わりの目に糸を2回通してしぼります。

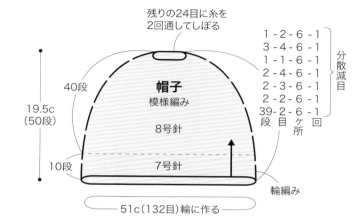

残りの24目に糸を
2回通してしぼる

40段

19.5c
(50段)

帽子
模様編み

8号針

10段

7号針

輪編み

1	2	6	1
3	4	6	1
1	1	6	1
2	4	6	1
2	3	6	1
2	2	6	1
39	2	6	1
段	目	ケ所	回

分散減目

51c（132目）輪に作る

□=|①| =表目　　　　┼╳┼╳┼ =表目2目と裏目1目の右上交差

　−　=裏目　　　　┼╳┼╳┼ =表目2目と裏目1目の左上交差

╳ =左上1目交差　　╱╲ =左上2目一度

╳╳ =右上2目交差　╱╲ =左上2目一度（裏目）

╳╳ =左上2目交差　╱╲ =右上2目一度（裏目）

帽子の編み方

続けて右上2目交差を編む

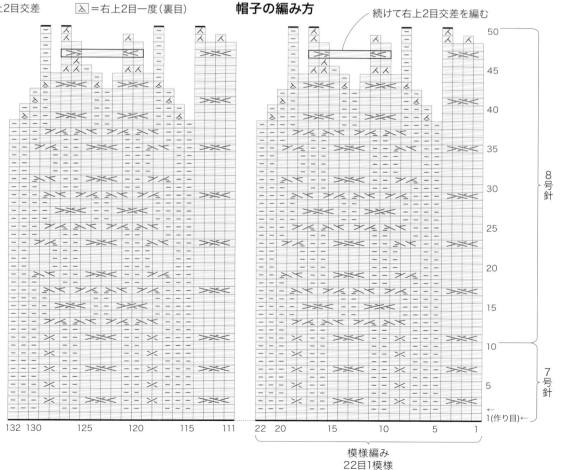

50
45
40
35
30
25
20
15
10
5
1(作り目)

8号針

7号針

132 130　　125　　120　　115　111
22 20　　15　　10　　5　　1

模様編み
22目1模様

61

糸　　○ハマナカ ソノモノ アルパカブークレ
　　　　ライトグレー（154）52g
　　　○ハマナカ アメリー　プラムレッド（32）23g
用具　○ハマナカ アミアミ手あみ針4本針　8号

○ゲージ（10cm四方）
　　　メリヤス編み　16目　32段
　　　模様編み　15.5目　24段
○できあがり寸法　頭回り54cm

●編み方
1　一般的な作り目で編み始め、メリヤス編み・模様編みで帽子を輪に編み、編み終わりの目に糸を2回通してしぼります。
2　編み始めを内側に折り返して縫いつけます。
3　ボンボンを作り、トップにつけます。

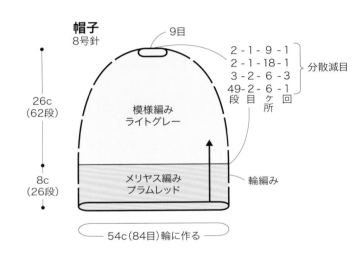

帽子
8号針

9目

2 - 1 - 9 - 1
2 - 1 - 18 - 1
3 - 2 - 6 - 3
49 - 2 - 6 - 1
段 目 ケ 回
　 　 所

分散減目

26c
（62段）

模様編み
ライトグレー

8c
（26段）

メリヤス編み
プラムレッド

輪編み

54c（84目）輪に作る

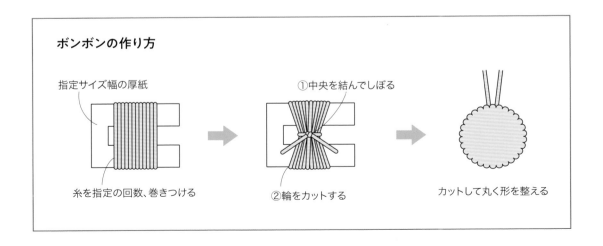

ボンボンの作り方

指定サイズ幅の厚紙

糸を指定の回数、巻きつける

①中央を結んでしぼる

②輪をカットする

カットして丸く形を整える

仕上げ方

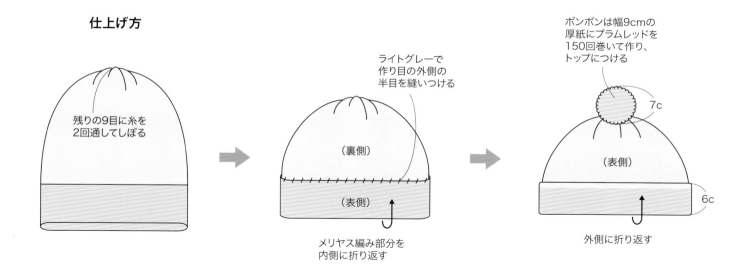

残りの9目に糸を
2回通してしぼる

ライトグレーで
作り目の外側の
半目を縫いつける

（裏側）

（表側）

メリヤス編み部分を
内側に折り返す

ボンボンは幅9cmの
厚紙にプラムレッドを
150回巻いて作り、
トップにつける

7c

（表側）

6c

外側に折り返す

帽子の編み方

□ = □ 表目　　木 = 中上3目一度　　▨ = プラムレッド
— = 裏目　　人 = 左上2目一度　　□ = ライトグレー

模様編み
14目1模様

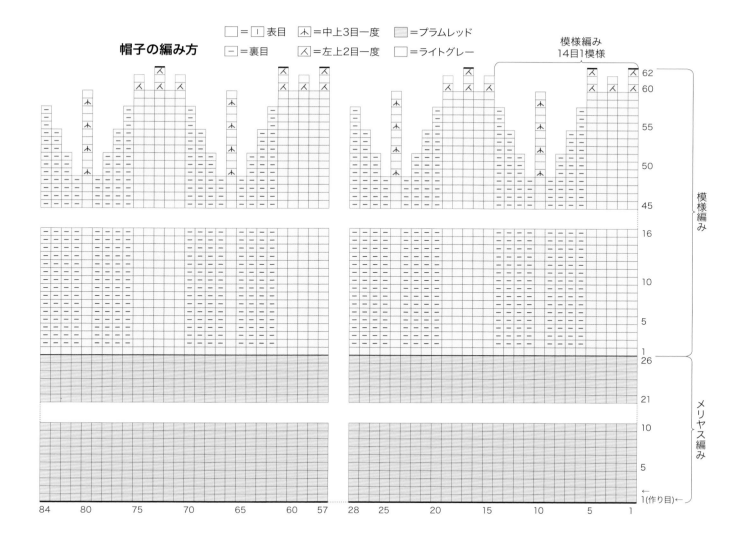

メリヤス編み

模様編み

a

b

糸　○ハマナカ ソノモノ アルパカウール《並太》
[a] エクリュベージュ（570）180g
[b] 生成り（61）180g

用具　○ハマナカ アミアミ両かぎ針ラクラク　7/0号

○ゲージ（10cm四方）
模様編みA・B　22.5目　16段

○できあがり寸法　頭回り56cm

●編み方
1　鎖編みの作り目で編み始め、模様編みA・Bで帽子を輪に編み、編み終わりの目に糸を2回通してしぼります。
2　ボンボンを作り、トップにつけます。

帽子
7/0号かぎ針

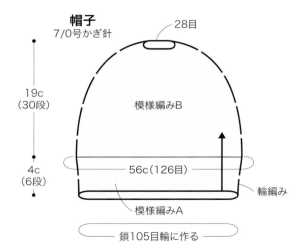

28目

19c（30段）

4c（6段）

模様編みB

56c（126目）

輪編み

模様編みA

鎖105目輪に作る

模様編みBの減目

段	目数	減目
30	28	増減なし
29	28	14目減
28	42	21目減
27	63	増減なし
26		
25	63	7目減
24	70	増減なし
23	70	28目減
22	98	増減なし
21	98	14目減
20	112	増減なし
19	112	14目減
18〜2	126	増減なし
1	126	模様編みAから126目拾う

○　＝鎖編み

╁　＝長編み

Ｖ　＝長編み2目編み入れる（P.58）

•　＝引き抜き編み

＝長編み表引き上げ編み

＝長編み裏引き上げ編み

仕上げ方

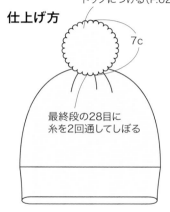

ボンボンは幅10cmの厚紙に糸を130回巻いて作り、トップにつける（P.62参照）

7c

最終段の28目に糸を2回通してしぼる

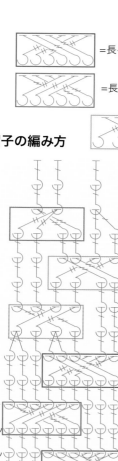

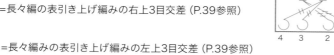

=長々編の表引き上げ編みの右上3目交差 (P.39参照)

=長々編の表引き上げ編みの左上3目交差 (P.39参照)

=長々編の表引き上げ編み2目一度の左上交差
前段の2目の足にそれぞれ未完成の長々編の
表引き上げ編みを編み、一度に引き抜く。
3、4、1、2の順に編み交差させる

も同じ要領で編む

=長編みの表引き上げ編み2目一度
前段の2目の足にそれぞれ未完成の
長編み表引き上げ編みを編み、一度に引き抜く

帽子の編み方

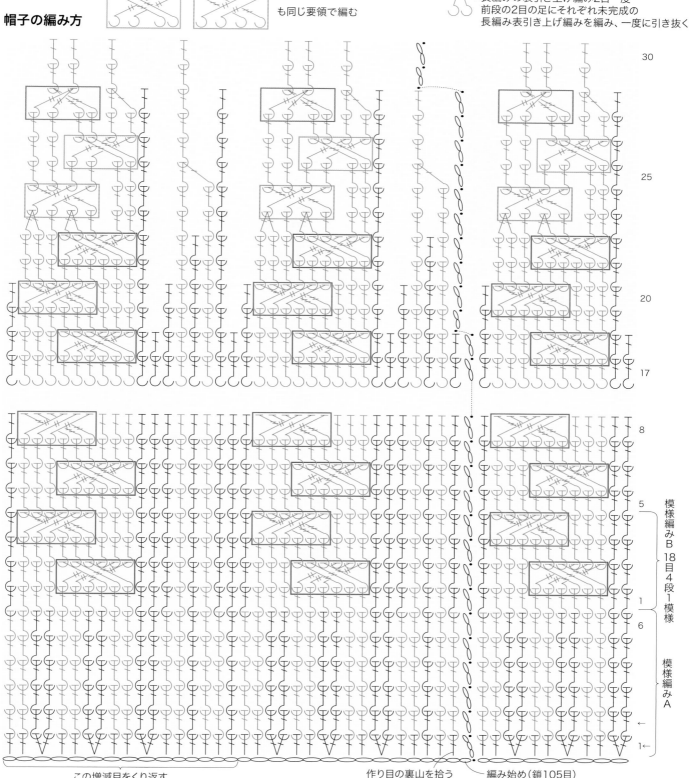

30

25

20

17

8

5

1

6

1

模様編みB
18目4段1模様

模様編みA

この増減目をくり返す

作り目の裏山を拾う

編み始め(鎖105目)

Q バラクラバ　Photo：P.32

糸　○ハマナカ ソノモノ アルパカリリー
　　　　ベージュ（112）140g
用具　○ハマナカ アミアミ玉付2本針　8号、9号
　　　○ハマナカ アミアミ両かぎ針ラクラク
　　　　8/0号（はぎ用）

○ゲージ（10cm四方）
　　ガーター編み（8号針）　20目　33.5段
　　メリヤス編み（9号針）　20目　26.5段
○できあがり寸法　頭回り56cm

●編み方
1　一般的な作り目で編み始め、ガーター編み・メリ
　　ヤス編みで本体を編み、編み終わりをかぶせ引き
　　抜きはぎします。
2　合印どうしをガーター編みのすくいとじします。

本体

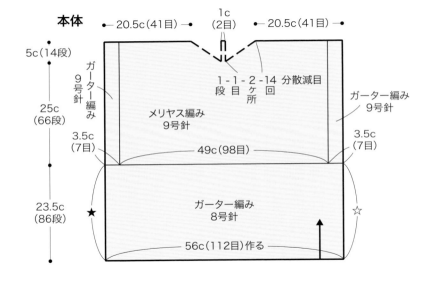

← 20.5c（41目）→　1c（2目）　← 20.5c（41目）→

5c（14段）

ガーター編み　9号針

1-1-2-14 分散減目
段目ケ回所

ガーター編み　9号針

25c（66段）

メリヤス編み　9号針

3.5c（7目）　49c（98目）　3.5c（7目）

23.5c（86段）

★　ガーター編み　8号針　☆

56c（112目）作る

仕上げ方

編み終わりを42目ずつ
かぶせ引き抜きはぎ

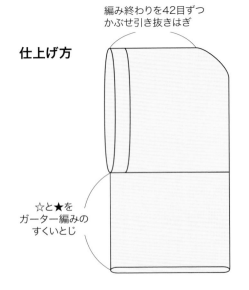

☆と★を
ガーター編みの
すくいとじ

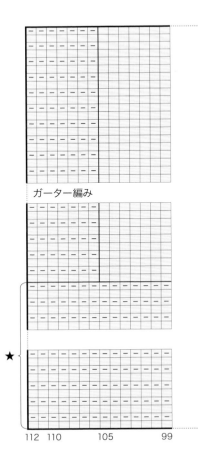

ガーター編み

★

112　110　　105　　　99

66

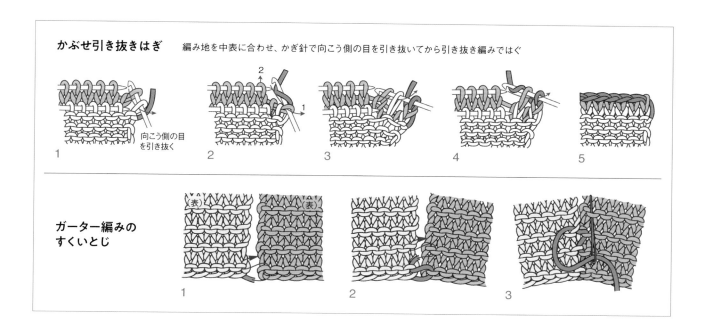

かぶせ引き抜きはぎ 編み地を中表に合わせ、かぎ針で向こう側の目を引き抜いてから引き抜き編みではぐ

1　2　3　4　5

向こう側の目
を引き抜く

ガーター編みの
すくいとじ

1　2　3

本体の編み方

☐ = ☐ 表目　　人 = 左上2目一度

─ = 裏目　　人 = 右上2目一度

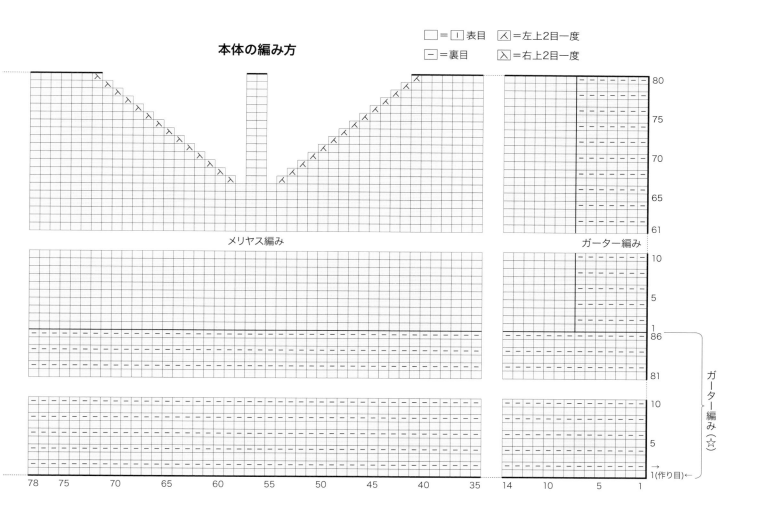

メリヤス編み

ガーター編み

ガーター編み(☆)

78　75　70　65　60　55　50　45　40　35　　14　10　5　1

1(作り目)←

R チャンキーなキャップ　Photo：P.34

a　　b

糸　○ハマナカ ひふみ チャンキー
　　　　[a] 黄緑（204）170g、[b] 生成り（201）170g
用具　○ハマナカ アミアミ手あみ針4本針　8mm
　　　　○なわあみ針

○**ゲージ**（10cm四方）　模様編み　15.5目　16段
○**できあがり寸法**　頭回り52cm

●**編み方**
1　一般的な作り目で編み始め、2目ゴム編み・模様編みで
　帽子を輪に編み、編み終わりの目に糸を2回通してしぼ
　ります。
2　ボンボンを作り、トップにつけます。

帽子
8mm針

15目

1 - 3 - 5 - 1
1 - 6 - 5 - 1　分散減目
1 - 1 - 5 - 3
25- 1 - 5 - 1
段 目 ケ 回
　　 所

19c（30段）

模様編み

52c（80目）に増

14c（24段）

2目ゴム編み

輪編み

60目輪に作る

ボンボンは幅11cmの
厚紙に糸を60回巻いて
作り、トップにつける
（P.62参照）

9c

仕上げ方

残りの15目に糸を
2回通してしぼる

7c

外側に折り返す

□ = I 表目
─ = 裏目
O = かけ目
⅘ = ねじり目
⋋ = 左上2目一度
⋌ = 左上2目一度（裏目）
⟋⟋⟋ = 右上3目交差（P.38参照）
⟍⟍⟍ = 左上3目交差（P.38参照）

帽子の編み方

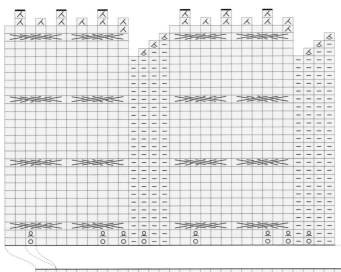

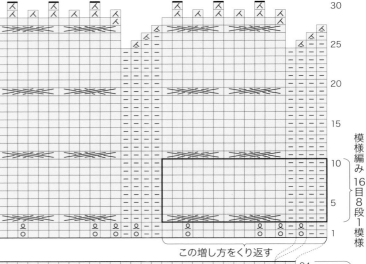

この増し方をくり返す

模様編み16目8段1模様

2目ゴム編み

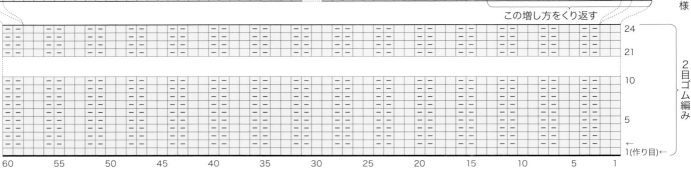

S モチーフつなぎのハット Photo：P.35

 a  b

配色表

	a	b
A色	チャコール	ブルーグレー
B色	ブルーグレー	ベージュ

糸 ○ハマナカ ルナモール
[a] ブルーグレー（2）65g、チャコール（15）65g
[b] ベージュ（1）65g、ブルーグレー（2）65g
用具 ○ハマナカ アミアミ両かぎ針ラクラク 7/0号

○ゲージ（10cm四方） 模様編み 16目 10段
○できあがり寸法 頭回り56cm

● 編み方
1 鎖編みを輪にする作り目で編み始め、モチーフを6枚編みます。
2 鎖編みを輪にする作り目で編み始め、模様編みでトップを輪に編みます。
3 鎖編みの作り目で編み始め、模様編みでブリムを輪に編みます。
4 モチーフどうしを細編みでつなぎ、輪にします。
5 トップとモチーフを細編みでつなぎます。
6 ブリムとモチーフを細編みでつなぎます。

※配色は図参照

トップ
模様編み
7/0号かぎ針

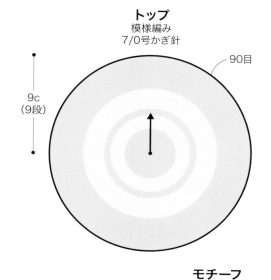

9c（9段）　90目

モチーフ
（6枚）
7/0号かぎ針

9.5c × 9.5c

ブリム
7/0号かぎ針

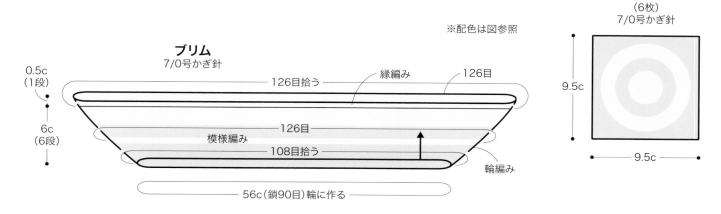

0.5c（1段）
6c（6段）
126目拾う　縁編み　126目
126目
模様編み
108目拾う
輪編み
56c（鎖90目）輪に作る

仕上げ方

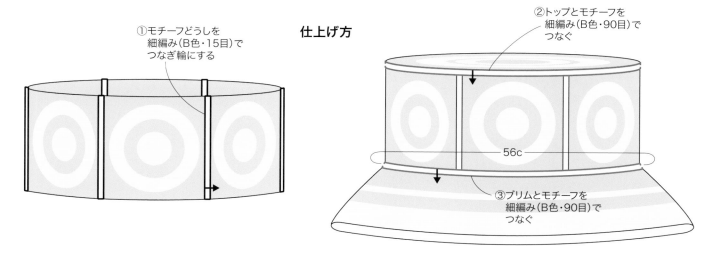

①モチーフどうしを
細編み（B色・15目）で
つなぎ輪にする

②トップとモチーフを
細編み（B色・90目）で
つなぐ

56c

③ブリムとモチーフを
細編み（B色・90目）で
つなぐ

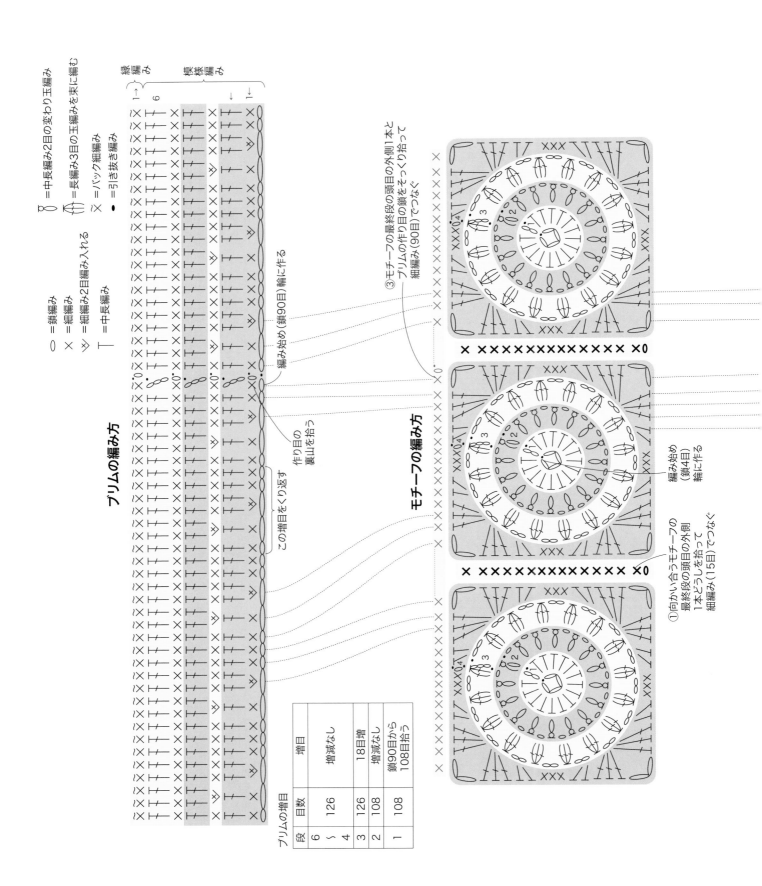

記号の説明

$\sqrt[8]{}$ =中長編み2目の変わり玉編み

$\overline{\bigcap}$ =長編み3目の玉編みを束に編む

$\times$ =バック細編み

$\bullet$ =引き抜き編み

$\bigcirc$ =鎖編み

$\times$ =細編み

$\searrow$ =細編み2目編み入れる

$\top$ =中長編み

ブリムの編み方

この増目をくり返す

作り目の裏山を拾う

編み始め（鎖90目）輪に作る

縁編み
模様編み
縁編み

ブリムの増目

段	目数	増目
6 〜 4	126	増減なし
3	126	18目増
2	108	増減なし
1	108	鎖90目から108目拾う

モチーフの編み方

③モチーフの最終段の頭目の外側1本と
ブリムの作り目の鎖（90目）をそっくり拾って
細編み（90目）でつなぐ

編み始め
（鎖4目）
輪に作る

①向かい合うモチーフの
最終段の頭目の外側
1本どうしを拾って
細編み（15目）でつなぐ

$\times$ $\times$ × × × × × × × × × × × × × × ×0
$\times$ $\times$ × × × × × × × × × × × × × × ×0

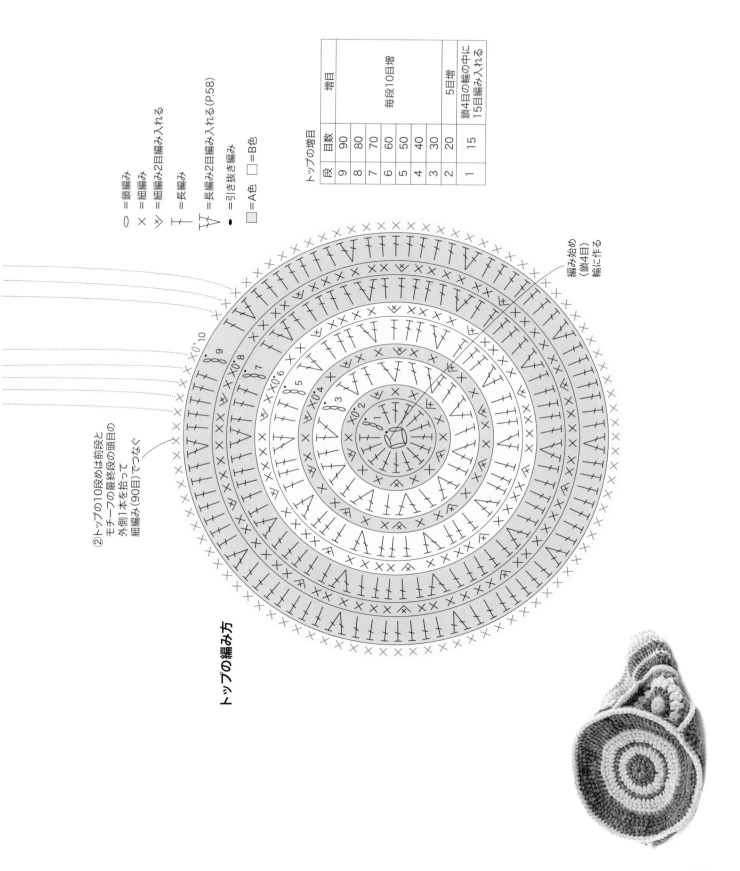

◯ =鎖編み
× =細編み
⊻ =細編み2目編み入れる
T =長編み
V =長編み2目編み入れる(P.58)
● =引き抜き編み
■ =A色　□ =B色

トップの増目

段	目数	増目
9	90	毎段10目増
8	80	
7	70	
6	60	
5	50	
4	40	
3	30	
2	20	5目増
1	15	鎖4目の輪の中に15目編み入れる

トップの編み方

②トップの10段めは前段とモチーフの最終段の頭目の外側1本を拾って細編み(90目)でつなぐ

編み始め(鎖4目)輪に作る

ボーダーのバケットハット　Photo：P.36

糸	○ハマナカ ソノモノ グラン
	グレー（165）97g、生成り（161）38g
用具	○ハマナカ アミアミ両かぎ針ラクラク　10/0号

○ゲージ（10cm四方）　細編みのすじ編み　12.5目　14段
○できあがり寸法　頭回り56cm

●編み方
1　糸端を輪にする作り目で編み始め、細編みのすじ編みでクラウンを輪に編みます。
2　続けて、細編みのすじ編みでブリムを輪に編みます。

ブリムの増目

段	目数	増目
11	105	増減なし
10		
9	105	7目増
8	98	増減なし
7	98	7目増
6	91	増減なし
5	91	7目増
4	84	増減なし
3	84	7目増
2	77	増減なし
1	77	クラウンから77目拾う（7目増）

帽子
細編みのすじ編み
10/0号かぎ針

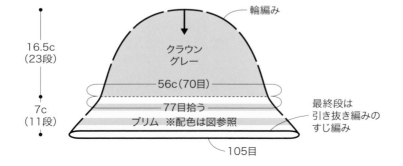

16.5c（23段）
7c（11段）
輪編み
クラウン
グレー
56c（70目）
77目拾う
ブリム　※配色は図参照
最終段は引き抜き編みのすじ編み
105目

クラウンの増目

段	目数	増目
23～14	70	増減なし
13	70	7目増
12～10	63	増減なし
9	63	
8	56	
7	49	
6	42	毎段7目増
5	35	
4	28	
3	21	
2	14	
1	7	輪の中に7目編み入れる

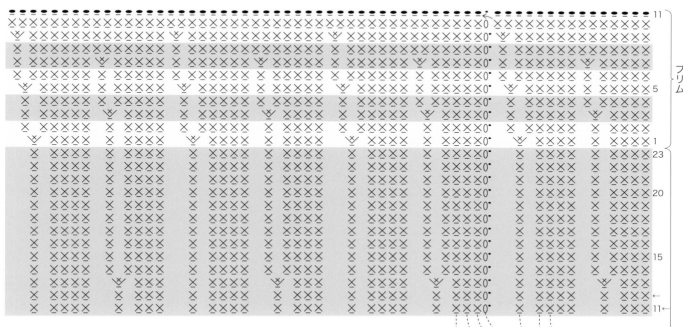

帽子の編み方

◯ =鎖編み
╳ =細編み
╳ =細編みのすじ編み
ᐱ =細編みのすじ編みを2目編み入れる
● =引き抜き編み
● =引き抜き編みのすじ編み

▨ =グレー　□ =生成り

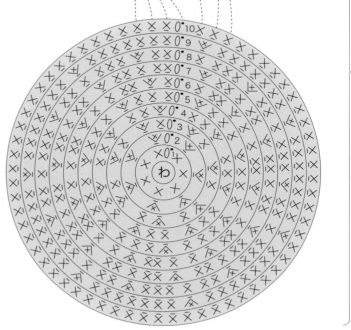

ブリム

クラウン

73

⊙棒針編み

一般的な作り目

1

（編み地寸法の3.5倍＋とじ糸分）

糸を左手の親指と人さし指にかけ、針を矢印のように入れる

2

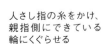

人さし指の糸をかけ、親指側にできている輪にくぐらせる

3

親指にかかっている糸を外す

4

糸端側の糸を親指にかけて引く。これが端の1目となる

5

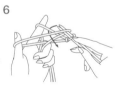

親指にかかった糸を矢印のようにすくいあげる

6

人さし指にかかった糸を針にかけながら、親指の糸を輪にくぐらせる

7

親指の糸を外す

8

親指に糸をかけて軽く引き締める。これが2目となる。5〜8をくり返して必要目数を作る

9

糸端側

できあがり。これを表目1段と数える。針を1本抜き、抜いた針で編み始める

作り目を輪にする方法

1

一般的な作り目

糸端側

必要目数の作り目をし、3本の針に分ける

2

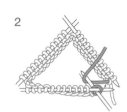

残りの針で最初の目を編み、輪に編んでいく。ねじれないように注意する

あとでほどく作り目

1

糸端側

別糸で必要目数の鎖編みをし、裏側の山に針を入れて糸を引き出す

2

1をくり返し、必要目数を拾う。これが1段めになる

3

1段めが編めた状態

4

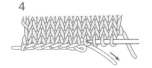

作り目の鎖をほどきながら目を針にとる

表目 |

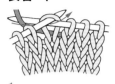

1

2

裏目 —

1

2

かけ目 ○

1

2

伏せ目 ●

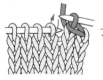

1

2

ねじり目 ℒ

1

2

ねじり目（裏目）ℒ

1

2

3

ねじり増し目 人 ※ねじり目と同じ記号なので注意

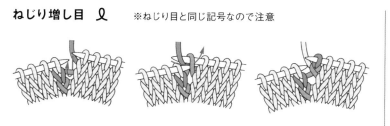

1 2 3

右上2目一度 入

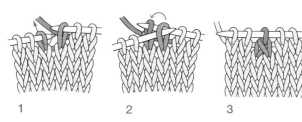

1 2 3

左上2目一度 入

右上2目一度（裏目）

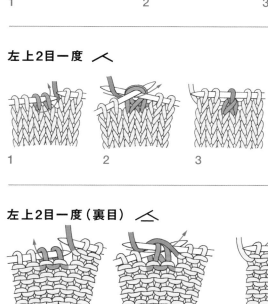

左上2目一度（裏目） 人 **左上3目一度** 人

右上3目一度 人

中上3目一度 人

中上3目一度（裏目） 上

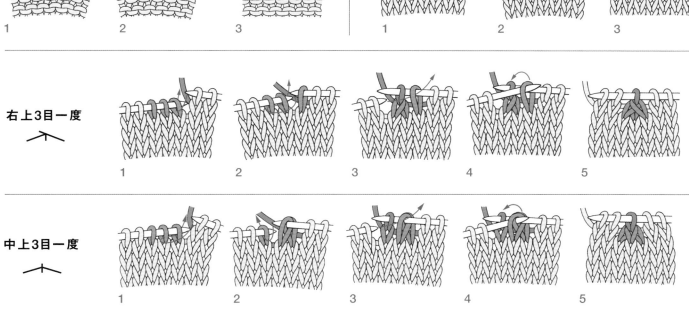

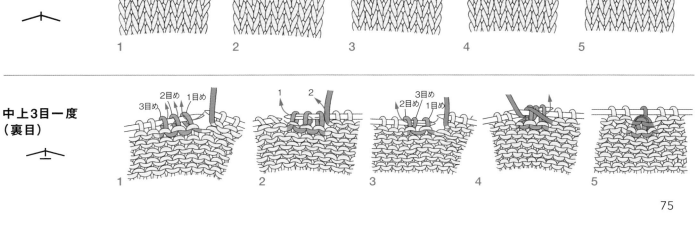

左上1目交差 ╳

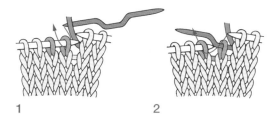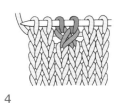

1　　　　2　　　　3　　　　4

右上2目交差 ╳╳

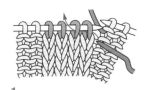

1　　　　2　　　　3　　　　4

左上2目交差 ╳╳

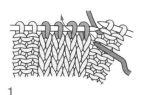

1　　　　2　　　　3　　　　4

表目2目と裏目1目の右上交差 ╲╲╱

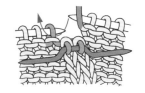

1　　　　2

表目2目と裏目1目の左上交差 ╱╱╲

1　　　　2

編み込み模様

| 横に糸を渡す方法

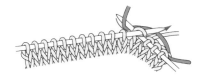

1　配色糸を編むときは地糸を
　下にして編む

2　地糸を編むときは配色糸を上にして
　休める。常に地糸は下、配色糸は
　上にして糸を渡しながら編む

3　編み地の裏側。
　つれたりゆるんだりしないように
　注意する

メリヤスはぎ

伏せ止めした
編み地どうしを
はぎ合わせる方法

※はぐ糸は編み地の幅の
約3.5倍を用意します。

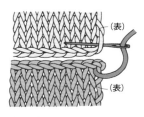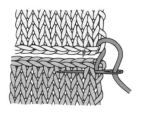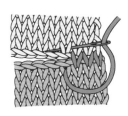

（表）

（表）

1　2枚の編み地の表側を上にして
　突き合わせる。手前側の端の目に
　裏側からとじ針を入れて糸を引き出し、
　向こう側の端の目の表側に出す

2　手前側の端の目に戻って
　表側から針を入れ、2目め
　の表側に出す

3　向こう側は1目をすくうように、
　手前側は隣りどうしの半目ずつ
　をすくうように針を入れる。
　これをくり返す。

⊙かぎ針編み

鎖編みの作り目　鎖編み（P.78参照）を必要目数編みます。

○ 鎖の裏山を拾う方法

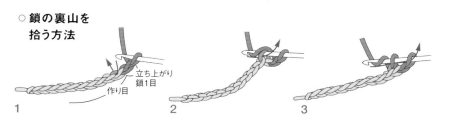

1　立ち上がり　鎖1目　作り目
2
3

○ 鎖の半目と裏山を拾う方法

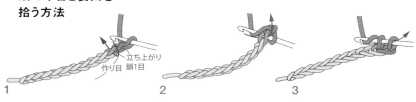

1　立ち上がり　作り目　鎖1目
2
3

○ 鎖編みで輪を作る方法

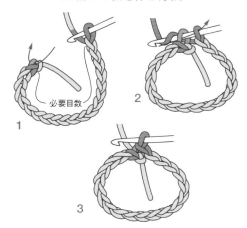

1　必要目数
2
3

糸端を輪にする作り目　※ここでは細編みで説明します

   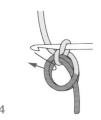 

1　指に糸を2回巻きつけ、二重の輪を作る

2　輪から指を外し、輪の中に針を入れ、矢印のように引き出す

3　立ち上がりの鎖1目を編む

4　立ち上がりの鎖1目が編めた。輪の中に針を入れ、糸をかけて引き出し、細編みを編む

5　指定数の細編みを編んだら、針にかかっている目を引き伸ばして針を外す。輪の根元を指で押さえ、糸端を少し引く（少し引く）

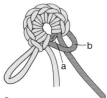 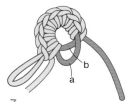  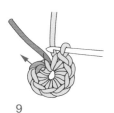 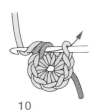 

6　糸が引かれて短くなったaの糸を矢印の方向に引く

7　動いたほうのaの糸をしっかり引いて、bの糸を引き締める

8　糸端を引いて、aの糸を引き締める（きつく引く）

9　5で外した目を針に戻し、最初の細編みの頭の目2本に針を入れる

10　針に糸をかけて引き抜く

11　1段目が編めた状態

鎖編みを輪にする作り目

※ここでは細編みで説明します

1　必要目数の鎖編みを編む（必要目数）

2　1目めに引き抜き、輪にする

3　立ち上がりの鎖1目を編む

4　鎖編みと糸端を一緒に束にすくい、細編みを必要目数編む（立ち上がり）

鎖編み ◯

1

2 引っぱる

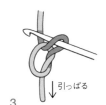
3

4 土台

5 1目め

6 鎖4目

細編み ✕

1 立ち上がり 鎖1目 / 作り目

2

3

4

5

中長編み ⊤

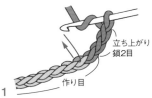
1 立ち上がり 鎖2目 / 作り目

2

3

4 頭

5

長編み

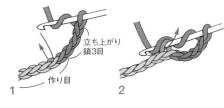
1 立ち上がり 鎖3目 / 作り目

2

3

4

5

6

長々編み

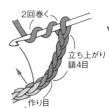
1 2回巻く 立ち上がり 鎖4目 / 作り目

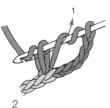
2

3

4

5

6

細編み2目編み入れる ✖

1 1目め

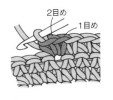
2 2目め 1目め

細編み2目一度 ⋏

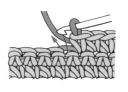
1 1目め

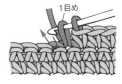
2

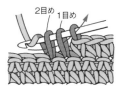
3 2目め 1目め

細編みのすじ編み X

※すじ編みは輪編み、うね編みは往復編みで編みます

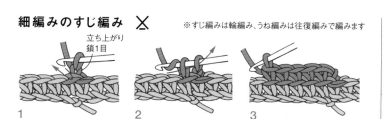

細編みのうね編み X ● 、I 、I も同じ要領で編みます

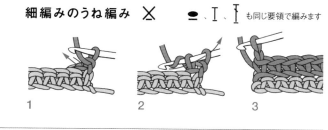

中長編み3目の玉編み

同様に は未完成の中長編み4目を編み、一度に引き抜きます

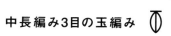

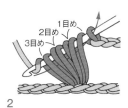

中長編み3目の玉編みを束に編む

同様に は未完成の中長編み4目を は未完成の長編み3目を編み、一度に引き抜きます

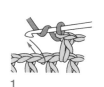

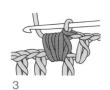

中長編み3目の変わり玉編み

同様に は1で未完成の中長編み2目を編みます

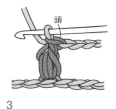

引き抜き編み ●

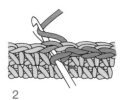

長編みの表引き上げ編み

も同じ要領で編みます

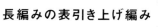

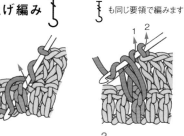

長編みの裏引き上げ編み

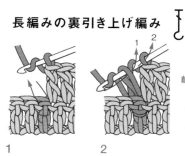

バック細編み X

引き抜きはぎ

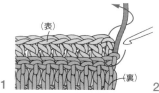
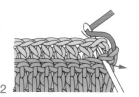
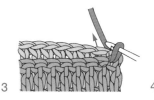
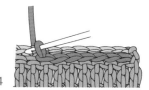

Design

岡まり子　岡本啓子　風工房　鎌田恵美子　かんのなおみ
長者加寿子　橋本真由子　水原多佳子　ATELIER *mati*　marshell

Staff

Book design	平木千草
Photograph	奥川純一（カバー、口絵）　島田佳奈（目次、P.38-40）
Styling	西森萌
Hair-make	山田ナオミ
Model	エモン久瑠美　平井智正　ジル・I　マンフレッド・H
Trace	米谷早織
Editor	矢口佳那子
Editor desk	朝日新聞出版　生活・文化編集部（上原千穂）

●撮影協力

サニークラウズ（フェリシモ）　TEL 0120-055-820
https://www.sunnyclouds.com/

P.5（c）・P.10のデニムジャケット／P.5（a）・P.8（a）・P.25（b）のカーゴパンツ／
P.6・P.28（b）のジャケット／P.8（b）のシャツ／P.12（b）のワンピチュニック／
P.14・P.33・P.35（a）のコート／P.18（a）のトレーナー／P.19（b）のワンピース／
P.21（a）のチュニック／P.21（b）のビッグシャツ／P.22のシャツコート／
P.25（a）のトップス／P.25（b）の長袖Tシャツ／P.28（a）のコート／
P.29（b）のワンピース／P.34（a）のジャケット／P.34（b）のカーディガン／
P.35（b）のジャケット／P.36・P.37のワンピース

AWABEES　TEL 03-6434-5635
UTUWA　TEL 03-6447-0070

本書の「編み方の基礎」部分の説明イラストは
「動画つき決定版！よくわかる基礎 棒針編み」、
「動画つき決定版！よくわかる基礎 かぎ針編み」（小社刊）
から転載しています。

●素材・用具提供

ハマナカ株式会社
〒616-8585　京都市右京区花園薮ノ下町2番地の3
TEL 075-463-5151
http://www.hamanaka.co.jp

棒針編みで かぎ針編みで
みんなの手編みのニット帽

編著	朝日新聞出版
発行者	片桐圭子
発行所	朝日新聞出版
	〒104-8011　東京都中央区築地5-3-2
	（お問い合わせ）infojitsuyo@asahi.com
印刷所	図書印刷株式会社

©2023 Asahi Shimbun Publications Inc.
Published in Japan by Asahi Shimbun Publications Inc.
ISBN 978-4-02-334143-2

定価はカバーに表示してあります。
落丁・乱丁の場合は弊社業務部（☎03-5540-7800）へご連絡ください。
送料弊社負担にてお取り替えいたします。